共同编写

认知

国家博物馆课程学习绘本

译林出版社

《认知——国家博物馆课程学习绘本》
编写委员会

主　　编：黄振春　贾美华

执行主编：黄　琛　王建平

编　　委：杨　洋　梅松松　胡晓菲

课程指导：梁　烜　刘　玲　李晓蕾

课程设计（按姓氏笔画为序）：

马天翼　王松楠　王晓慧　王诺莎　牛志华　从　雅　朱　宁
刘林琳　李　姣　李鹏程　杨小燕　杨　洋　吴学婷　佟欣鑫
陈　昊　陈　玲　陈雯鸶　陈　颖　范　悦　赵梦阳　郝爽君
胡晓菲　柳　宁　洪　瑶　袁　硕　聂小凡　黄　宋　梅松松
董　胤　韩　羽　韩　玥　潘　瑶　戴　萌

中国国家博物馆
北京教育科学研究院基础教育教学研究中心
共同编写

北京市中小学生校外实践课程推荐用书

序言

国家博物馆记载着中华民族五千年文明足迹,展示着我们伟大祖国的历史、文化、艺术和社会发展的光辉成就。这里是“中华民族的文化祠堂和祖庙”,是“我们国家的文化客厅”。这里还是中华文明与世界文明对话的重要窗口,是展示整个人类文明的宏伟殿堂。

在教育多元化发展的今天,博物馆教育职能所发挥的社会作用日益凸显,博物馆教育作为学校教育的有力补充,蕴含其中的教育资源优势正逐渐被公众认可。比之国外,国内博物馆教育虽然起步较晚,但发展速度较快,前景广阔。目前,国内诸多博物馆在这方面也先后展开探索和尝试,并取得一定成效。

作为有着百年发展历史的大馆,国家博物馆馆藏之丰富、底蕴之深厚,在业界享有盛誉。近年来,国家博物馆致力于教育课程开发、教育理念确立和教育模式探索,已初步形成具有自身特色的教育体系,面向公众推出了多种教育课程并取得很好的社会反响。

2014 年 9 月新学年开始,为贯彻落实《北京市中小学培育和践行社会主义核心价值观的实施意见》,国家博物馆联合北京教育科学研究院基础教育教学研究中心共同开发了“博物馆课程”,内容针对以年级为单位的学生群体,以语文、历史、地理、天文、生物、科学、音乐、舞蹈、美术、书法、体育、劳技、品德等学科知识为基础,从认知自然入手,有机融合中华传统文化和人文精神,对人类社会生存发展的规律规则进行梳理总结。这一课程旨在让学生感受中华文化的厚重,不断丰富和发展学生社会生活经验和艺术审美情趣,加深他们对个体与群体、民族与国家、历史与艺术的正确认识和理解,形成基本道德观、人生观、世界观和价值观,初步掌握人类社会发展脉络,具备一定艺术鉴赏能力和培养良好人文情怀。《认知 —— 国家博物馆课程学习绘本》一书包含的 36 个主题教学单元,就是这一课程的具体呈现。

综观而言,本书具有以下三个特点:

一是突出主题教学,注重对学生认知能力的培养。

每一个学习单元的设计,在突出主题的前提下弱化具体知识点的罗列,通过一系列相互关联的问题，引导学生去发现、思考、探究，并在这一过程中让他们加深对中华传统文化的认知与认同，通过从“认”到“知”的过程，潜移默化中培养学生的思考能力、观察能力和理解能力，并在这一基础上增进他们与所学内容在情感上的交流。

二是博物馆课程体例多样、内涵丰富。

国家博物馆的课程学习依托于其可观的馆藏，这既是国博教育课程的优势，也是其特色之一。在“历史与艺术”并重的办馆理念之下，博物馆课程设计紧紧围绕“历史”与“艺术”的体验教学展开，在主体教学设计上，既考虑“博”与“专”的交互，又注意把握历史线索和门类线索的双重构架，同时还特别强调主题教学中多学科知识的综合运用。这在一定程度上打破了传统教学中相对单一的模式，有利于培养学生的综合能力和多元思维。这一点改变了传统教育手段偏重知识学习的弊端，不仅有助于学生的智力开发，更可以通过情感教育帮助学生形成正确的价值观。

三是集趣味性和知识性为一体的“绘本”形式。

本书不同于学生课堂教学用书，在形式设计上注重实用、美观、切题三者的结合，选用“绘本”形式将新媒体手段和传统手绘艺术相结合，各取所长，以恰当的装饰来契合主题教学，做到内容与形式的和谐统一。

此次能够将其集结成书，是国博教育课程阶段性成果的重要展示，相信本书会对北京乃至全国的学校教育带来教育方式和教学形式方面的思考，也为2014年底刚刚颁布的《北京市基础教育部分学科教学改进意见的通知》(京教基二〔2014〕22号) 精神的落实，特别是中小学各学科不低于10%的课时用于开展校内外实践活动提供了学习与课程的资源，同时也会为国内其他博物馆举办同类活动提供参考和借鉴。

相信，这只是国博课程创造性研发的开始，期待更多、更好的国博精品课程在不久的将来面世，这无疑将对弘扬民族文化、传承民族精神起到助推作用，也是国博落实社会主义核心价值观的重要体现。放之未来，这对于国家教育事业的发展来说不失为一件幸事！

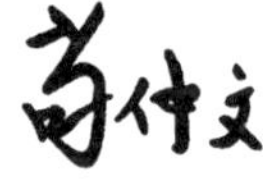

2015年1月

目录

彩釉斗艳

馆中发现

到展厅中寻找以上三件瓷器，总结一下它们的相同点和不同点。

观察思考

明清之时，釉上彩瓷艺术登峰造极。明代嘉靖、万历两朝，五彩瓷器独具特色。

仔细观察，五彩瓷有怎样的艺术特色呢？

粉彩之娇

相较于五彩，粉彩在艺术表现上有哪些优势？

五彩被称作“硬彩”，粉彩则是“软彩”，它们的“硬”和“软”体现在何处？

观察并总结珐琅彩的艺术特征。

你觉得珐琅彩有哪些创新之处？

通过今天的学习，你认为推动釉上彩瓷发展的主要因素是什么？

涉及学科：历史、语文、化学、美术、科学、艺术

课程设计：聂小凡

车马出行

知识引航

车马出现之前，祖先的出行和活动范围是怎样的？车的出现需要哪些先决条件？

这是西周早期大盂鼎铭文拓片的部分内容，你能从中找到“车”字吗？在旁边空白处抄写下来。说说古代的车是什么样子。

馆中发现

找到以"→"为线索的文物，说说马在出行过程中作用的改变和发展。

找到以"→"为线索的文物，说说车在出行过程中作用的改变和发展。

图中两种马车有哪些不同？

古人重“礼”，古人乘车马出行有哪些方面的礼仪化规定？

拓展实践

车马的出现和发展与社会文明的发展有着哪些联系？

举例说明车马出现后给人类生活带来了哪些影响？

涉及学科：历史、语文、物理、生物、美术、政治、科学

课程设计：李姣

成语服饰

知识引航

根据他们的穿着，你能判断出他们所处的朝代吗？

你知道这些成语所属的朝代吗？

被发文身	三国两晋南北朝
冠冕堂皇	民国以后
紫绶金章	隋—清
羽扇纶巾	远古时代
紫袍玉带	唐—清
黄袍加身	汉代
衣冠禽兽	隋代
西装革履	周代

馆中发现

被发文身

冠冕堂皇

青青子衿，青青子佩。
——《诗经·子衿》

紫绶金章

试描述汉代服饰特点：

羽扇纶巾

汉服吸收少数民族服饰的优点，有哪些好处？

紫袍玉带

黄袍加身

服饰定尊卑，大哉万古程。
——（唐）杜甫《太子张舍人遗织成褥段》

衣冠禽兽

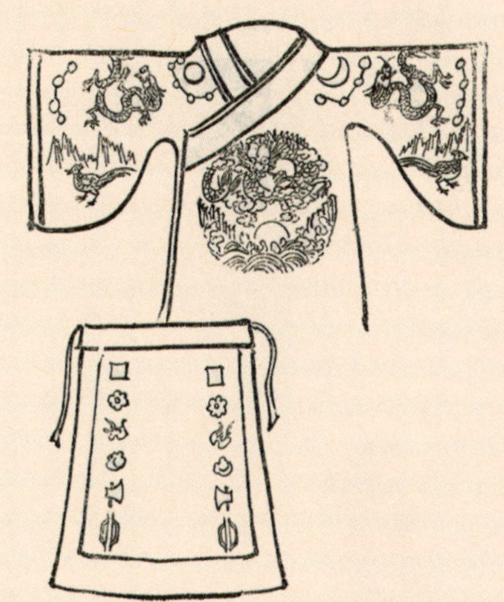

皇帝常服：袍黄，盘领，窄袖，前后及两肩各织金盘龙一。带用玉，靴以皮为之。

——《明史·舆服志》

唐朝服装与宋代服装区别在哪里？反映哪些文化差异呢？

西装革履

拓展实践

画一画

如果让你来设计一款代表中国民族特点的服饰，你会怎样设计呢？

想一想

在现代服饰中，哪些元素继承了中国古代服饰的特点？

谈谈中国古代服饰中礼制精神的体现：

你还知道哪些有关服饰的成语吗？

涉及学科：历史、语文、美术、政治

课程设计：王晓慧

承坐之间

从家具看古代礼俗文化

知识引航

家具，经历了千年的演变和改进，已不单单是一种器物，更是社会物质文化生活的一部分。它在丰富人们生活的同时，也反映着传统的宗教礼俗和时代风貌。

承具 桌与案

桌与案是家具中的重要承具。今天看来两者十分相似，但桌与案的功能、承载的文化内涵有很大区别，从出现时间上看，案也比桌要早很多。

案

桌

你能从这两张图片提供的历史背景或图中人物的姿势判断桌案出现的大致时间吗？

案：

桌：

案广泛使用于古人的生活中，这种家具为什么会出现？

“桌”早期称为“卓”，指高而直立的家具，它是随着古人生活方式的转变出现的，你知道是哪种转变吗？为什么会有这种转变？

羡君素书尝满案，含丹照白霞色烂。
——（唐）李白《下途归石门旧居》

构成桌案的细节非常丰富，请在横线上填出对应的结构名称。

霸王枨 牙条 束腰

三弯腿 直腿

高足家具成熟之后，桌案的形象越来越接近，但也有一个标准可以划分二者，你能找出这个划分依据吗？

请写出带“桌”字、“案”字的成语或词语。

桌：

案：

不仅出现时间、形制不同，桌与案蕴含的精神文化寄托也不同，从这些词语中你能体会出不同之处吗？

坐具
椅与凳

坐具根据是否有依靠分为椅和凳，在坐具出现之前“席地而坐”是中国人日常起居方式的主流。

分析图片中人物的座次关系，你能判断出谁是宴会中地位较高的主角吗？

为什么机构或委员会的领袖称为“主席”？

馆中发现

凳子的形制较为简单，椅子的种类则在长期发展过程中不断丰富。你知道这些椅子的类型吗？

观察思考

烟径水涯多好鸟，竹床蒲椅但高僧。
——（唐）陆龟蒙《奉和袭美卧疾感春见寄次韵》

桌与案寄予的文化内涵不同，椅子的不同种类也能体现出等级差异。“坐金交椅”、“坐龙椅”是封建社会的一种代名词，它们指代的是什么？

屏风、龙椅、御书案，这样的家具陈设会让你联想到什么呢？

你认为中国古代家具的设计体现了古人的哪些智慧和情怀？

涉及学科：历史、语文、物理、美术

课程设计：杨小燕

运___帷___

就器型看，你更喜欢哪件文物？

春秋战国时期，秦楚具为当时强国，为何最后秦国统一天下？

秦汉交替

重___抑___

思考采取何种政策才能继续发展下去？

内 ___ 外患

内部矛盾重重，外族虎视眈眈，请问这种状况是巧合吗？

唐朝为什么是中国古代最具影响力的时代？

宋、清时，都是多民族并存的局面，为何只有清朝能一统中国？

试着归纳清朝政府所采取的民族政策：

拓展实践

用成语概括出今天所讲的历史内容，再想想你还知道哪些跟中国历史有关的成语？

今天所讲的这些都体现了中国社会的哪些方面？

历史上有哪些人物起到了关键性的作用？

以史为鉴、以人为鉴，你觉得中国社会长治久安、稳定发展都需要哪些条件？

涉及学科：历史、语文、地理

课程设计：柳宁

鼎盛中华

知识引航

你知道哪些带“鼎”字的成语或者和“鼎”有关的故事？

这些成语和故事告诉了我们什么？

鼎的实际使用功能：

鼎象征着：

除此之外，我们还可以通过“鼎”上的文字了解到更多的知识。就让我们走进中国国家博物馆“中国古代青铜器艺术”展厅，去看一看真正的青铜鼎吧。

馆中发现

它们都是什么？它们之间又有什么联系和区别？

这种器物的产生和它的变化发展都说明了什么？

与后两者材质相同的器物有什么独特的元素？它为我们的继续学习提供了哪些线索？

名称：

铸造年代：

命名原由：

纹饰：

特色：

名称：

铸造年代：

命名原由：

纹饰：

特色：

名称：

铸造年代：

命名原由：

纹饰：

特色：

出土墓葬：

楚王与鼎：

列鼎制度：

拓展实践

到“古代中国”展厅中找一找。

商代早期最大的一件青铜方鼎

体现楚国文化的楚式鼎

铸有西周重要军制资料的青铜鼎

出土于倗国墓葬的列鼎

用文字或图像描述你心目中的鼎。

涉及学科：语文、化学、政治、历史、物理、美术

课程设计：胡晓菲

动感节拍

知识引航

猜猜看

你认为下图中哪些是打击乐器？

通过观察你选择的乐器，找出打击乐器的共同特点：

馆中发现

你认为打击乐器出现的过程是怎样的呢？用1、2、3、4、5标出来吧。

根据打击乐器出现的过程，你知道打击乐器在中国古代的主要作用是什么吗？和今天一样吗？

古代打击乐器主要是鼓、磬、钟，你了解它们的发展历程吗？

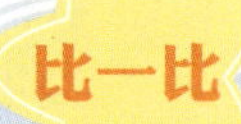

拓展实践

通过参观展厅的文物，你发现这些乐器有哪些变化呢？

想一想

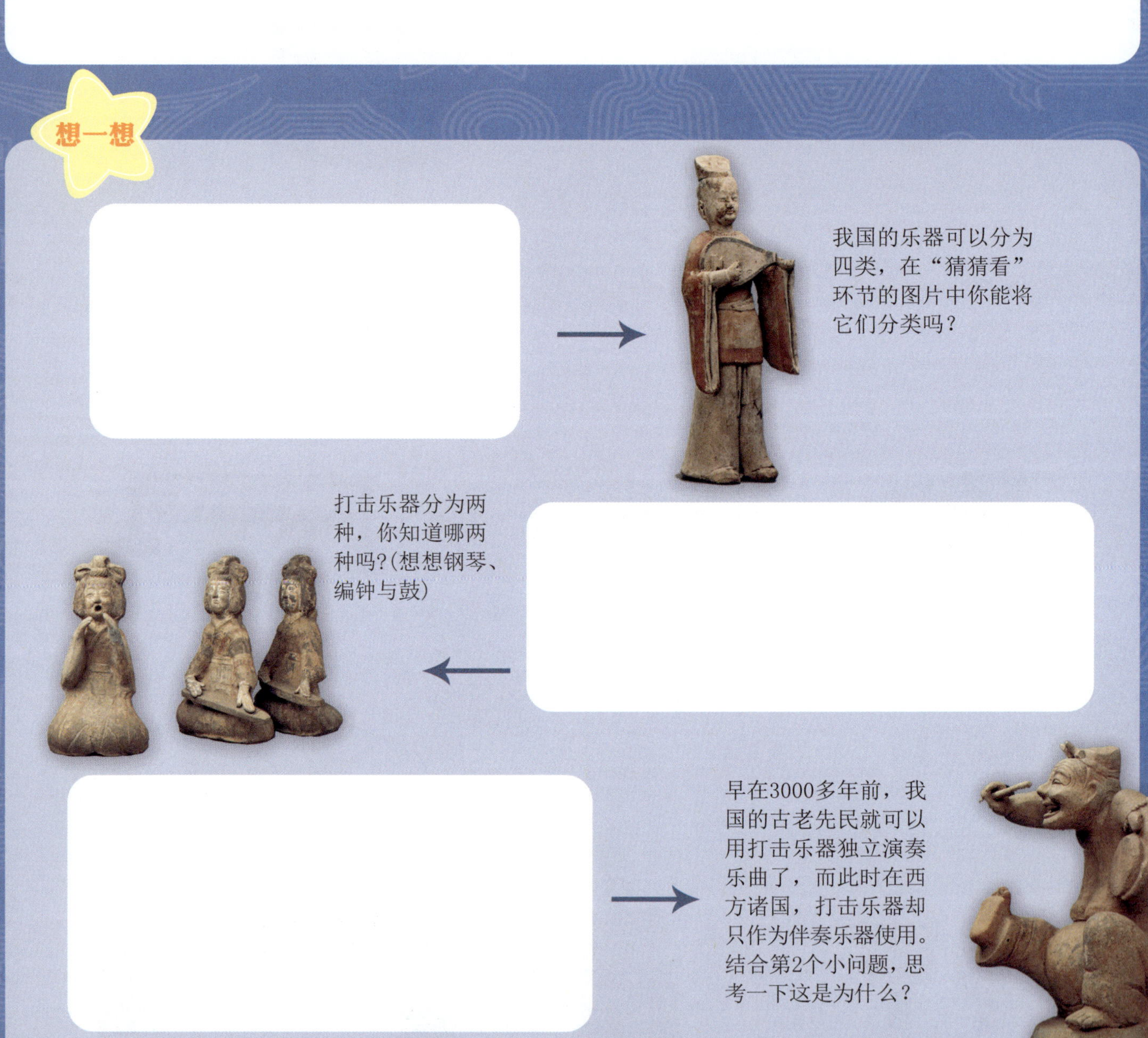

我国的乐器可以分为四类，在“猜猜看”环节的图片中你能将它们分类吗？

打击乐器分为两种，你知道哪两种吗？(想想钢琴、编钟与鼓)

早在3000多年前，我国的古老先民就可以用打击乐器独立演奏乐曲了，而此时在西方诸国，打击乐器却只作为伴奏乐器使用。结合第2个小问题，思考一下这是为什么？

涉及学科：音乐、历史

课程设计：陈颖

古人之娱

知识引航

在21世纪的今天，我们有什么休闲娱乐的方式呢？

哪些娱乐活动是从古人那里传承下来的？

远古时期：

商周时期：

春秋战国时期：

秦汉时期：

馆中发现

乐舞

远古时期的舞蹈被赋予什么样的含义？

音乐与舞蹈是否有必然联系？

远古时期为什么会产生舞蹈？

这一时期的舞蹈与日常生活中哪些方面有关？

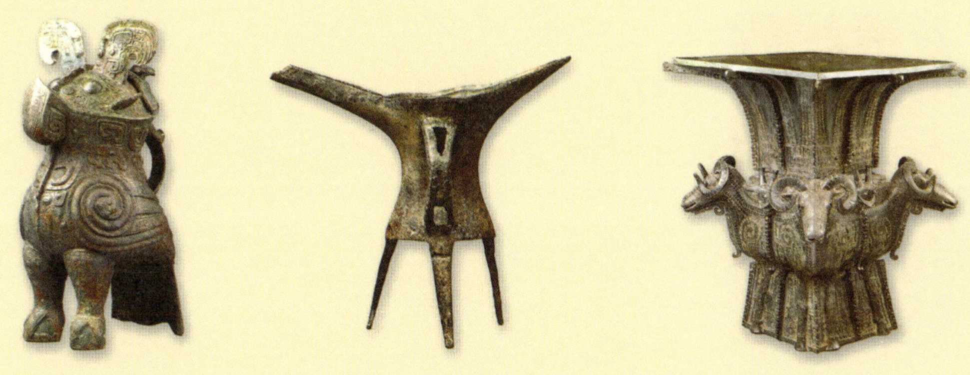

以上三种酒具的作用是什么？为何会出现不同类别的酒具？

乐与酒是否有必然关系？

这组纹饰反映了什么样的历史背景？

两汉时期与前朝娱乐形式有哪些相似与不同？

试述娱乐的发展与社会发展的关联。

乐生人心者，乐生于人心者。——(汉)司马迁

涉及学科：历史、艺术、体育、音乐、舞蹈

课程设计：李鹏程

观形识义

知识引航

请找到古文字与古文明之间正确的对应关系：

比较下面两组文字，并将它们依次归类：

Tree/ arbre

找找它们的区别？

找找它们的联系？

图画文字

表意文字

表音文字

馆中发现

请在“古代中国”、“中国古代书法”展厅中找到这些甲骨上的字，它们分别对应的是现代汉语中的哪些字呢？古今含义一样吗？

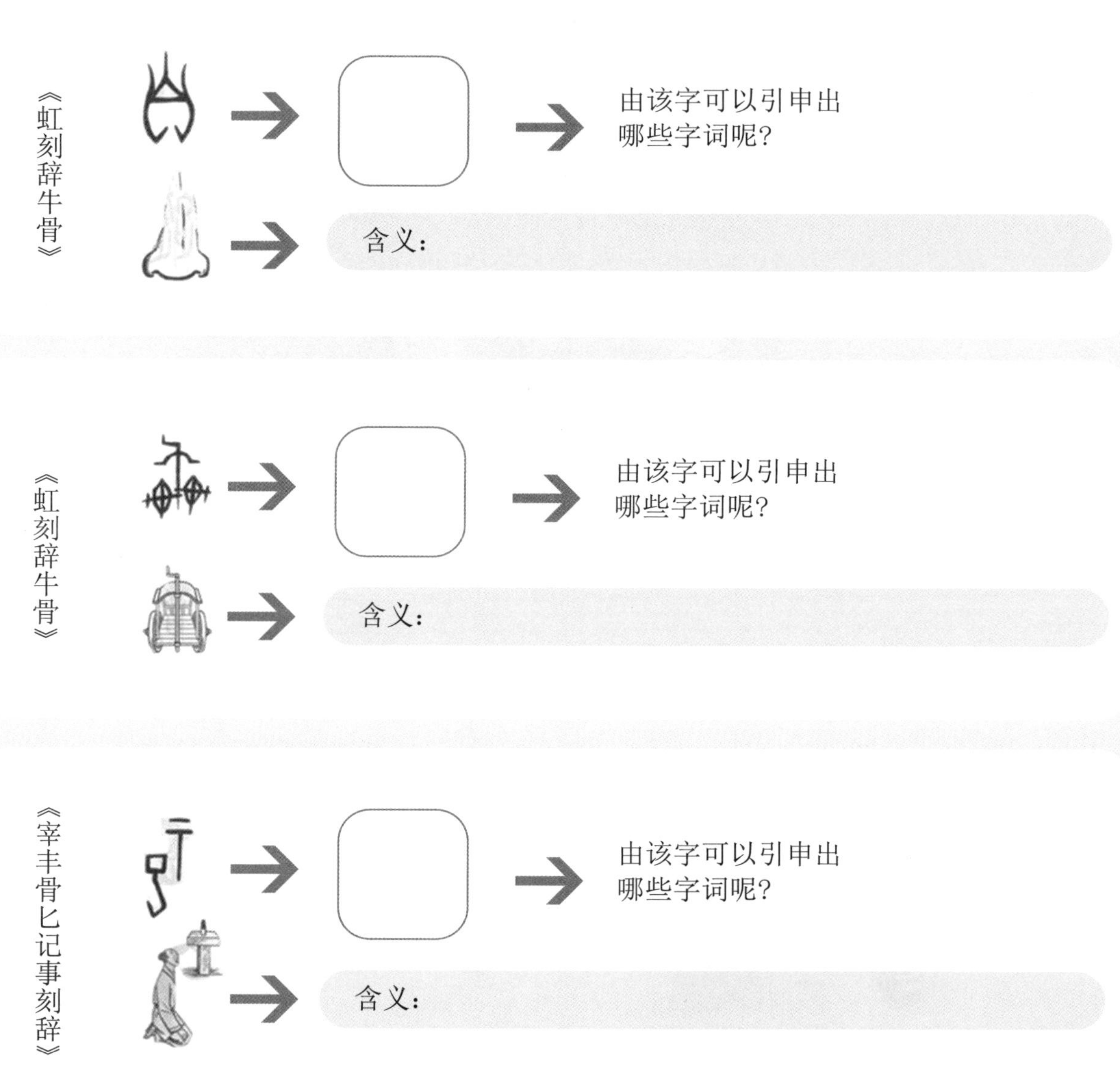

甲骨文在造字方式上有哪些特点呢？对今天汉字的影响是什么？

怎样读甲骨卜辞？请找出这片甲骨卜辞中的前辞、命辞、占辞和验辞四个部分。

癸巳卜，㱿，贞旬亡祸。王占曰：“有祟，其有来艰。乞至五日丁酉，允有来艰自西。沚䤋告曰：土方征于我东鄙，𢦏二邑𢦔，方亦侵我西鄙田。

透过刀锋看笔锋，学习欣赏甲骨文之美。
在展厅中你能找到哪些不同风格的“子”字和“明”字？

子：

明：

“书则一字已见其心”，请认真观察展厅中甲骨文的书体风格。如果用一段即兴音乐来表现它们，你会选择什么乐器来配合？为什么？

台湾云门舞集的舞蹈从怀素的草书中找寻灵感，你的灵感呢？

拓展实践

请根据课程中学习到的识字规律来辨识下面甲骨中的字，并用画笔将这些答案一一绘出。

做个小古文字专家

这片甲骨到底说了什么？请描述并在“古代中国”展厅或国家博物馆网站http://www.chnmuseum.cn/找到与之相关的文物吧！

提示：

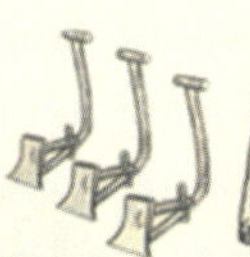
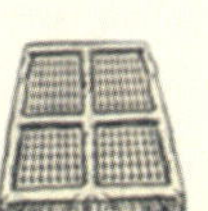

涉及学科：历史、语文、美术、音乐、艺术

课程设计：洪瑶

华夏佛缘

从佛造像看文化融合

知识引航

大家对《西游记》里唐僧师徒西天取经的故事都非常熟悉，“西天”指的是：

公元前6世纪，佛教诞生于：

公元1世纪左右，佛教传入中国并逐渐发展成我国最主要的宗教之一。

你还知道哪些人物或者地方与佛教传入我国有关？请列举出来。

佛教传入中国后，中国的佛造像艺术逐渐发展起来，并不断吸收、融入中国之文化艺术。接下来，让我们一起走进展厅来了解一下吧。

馆中发现

我国佛造像在不同历史时期形成各自的特点。请在展厅中参观展品，并回答问题。

尼泊尔　铜观音菩萨坐像

说说这尊观音菩萨造像与你平时所见到的观音形象有什么不同。

宋　彩绘木雕观音菩萨头像

结合唐宋时期人们的审美情趣，说说这时期佛造像的特征。

这时期观音的形象与古印度时期相比出现了什么变化？

明　"石叟"款铜观音菩萨坐像

宋以后，我国的观音形象彻底有了转变。请根据这一转变对这件佛造像进行描述。

观音信仰中国化的轨迹是佛教中国化的重要表现。为何在我国观音菩萨的形象以女性形象为主？

除了石雕、木雕材质的佛造像，泥塑、铜铸佛教造像也在我国佛造像艺术史上占据重要地位。

彩塑菩萨头像

你认为这尊泥像来自我国哪个地区？为什么？

对比右边两尊释迦牟尼佛坐像，说说明清宫廷藏传佛造像与西藏地区本土佛造像有什么区别以及原因。

13世纪　铜释迦牟尼佛坐像

明　宫廷藏传佛造像

这些不同材质的佛造像体现出我国哪些地理特点？

拓展实践

南朝四百八十寺，多少楼台烟雨中。
——（唐）杜牧《江南春》

儒家、道家思想长久以来一直是我国的传统思想，佛教作为一种外来宗教为何能融入我国文化之中？

你还见过哪些让你印象深刻的佛造像？请简单地画下来，或用文字表述，并说说它反映出的历史文化特征。

涉及学科：历史、地理、语文、美术、政治

课程设计：陈玲

货币之变

知识引航

以下这些都是中国古人曾经选择过的实物货币，说说它们的特点。

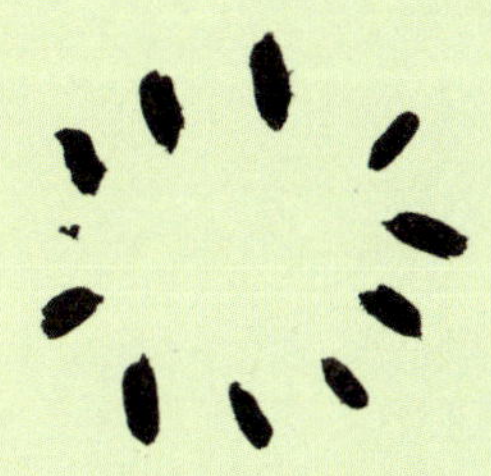

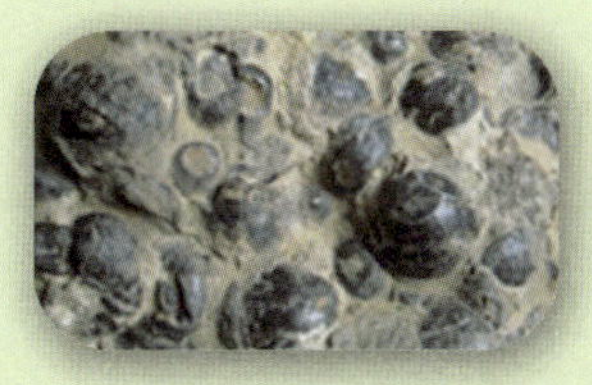

在我们今天仍然使用的汉字中，有很多和钱有关系的字都含有“贝”字偏旁。比如：“货币”的“货”，“赚钱”的“赚”，“购买”的“购”。你知道这是为什么吗？你还能写出一些其他的字吗？

馆中发现

请根据你在展厅的观察，说说看以下几种形状的钱币，哪种在古代中国使用的时间最长？你觉得它们都长得像什么呢？

你发现钱币上的“文字”了吗？你认识它们吗？写出来，看看“钱文”里记录的重量、年号、地名你都找到了吗？

中国最早的纸币是什么时候，因为什么出现的？你能在展厅里找到它吗？是以下哪一个呢？

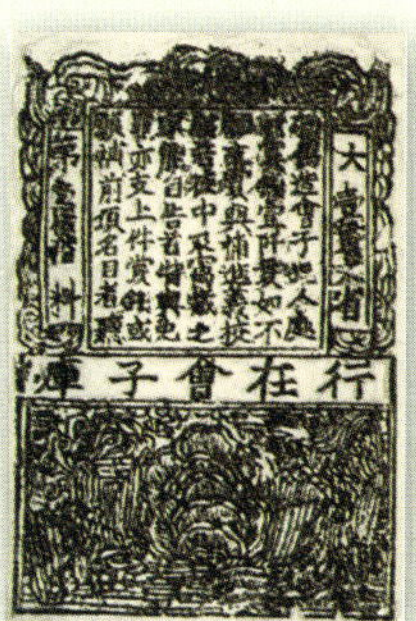

你知道今天我们使用的纸币为什么也叫“钞票”吗？我们先来认一认，纸币上的文字都是什么意思。

面额：

钱名：
大明通行宝钞

拓展实践

我们今天使用的硬币和纸币基本延续了古代铜钱和纸币的形式。观察一下，哪些特征被保留了，又发生了哪些变化？

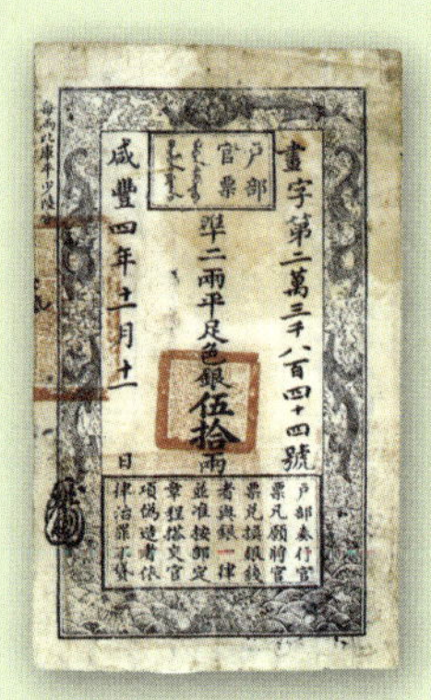

在你的生活中，是硬币用的多还是纸币呢？你觉得它们各有什么优点和缺点？

	硬币	纸币
优点：		
缺点：		

涉及学科： 语文、历史、地理、美术、化学

课程设计：戴萌

吉祥纹饰

中国古代瓷器的美好寓意

在特定的日子我们都会给家人、朋友送上祝福。你知道多少吉祥语？

这些属于吉祥纹饰吗？你都在哪里见过？

馆中发现

找到瓷器上与吉祥有关的纹饰，并画下来。

人物	植物	动物

“八仙过海，各显神通”，为什么这种纹饰会出现在瓷器上？

为什么彩绘瓷上有许多不同的龙纹？

传说：

等级观念：

请你将纹饰构成形式、清代特有的桃纹形式与对应的图片连起来。

适合纹样　　单独纹样　　连续纹样

清代特有的形式

过枝桃纹　　三果纹　　折枝桃纹

拓展实践

你了解海晏河清尊的创作背景吗？从不同角度观察，为它写个说明吧。

以绘画的形式创作一件有吉祥寓意的瓷器，并简单介绍你的作品。

涉及学科：美术、语文、数学、民俗学、生物、历史、政治

课程设计：韩羽

匠人营国

从古建筑看礼制文化

知识引航

当天然洞穴无法满足栖息需求时，人类开始自己动手建造居所，巢居、穴居等原始建筑由此诞生，开启了人类适应自然与社会的文明历程。同学们能想到的巢居形式有几种？

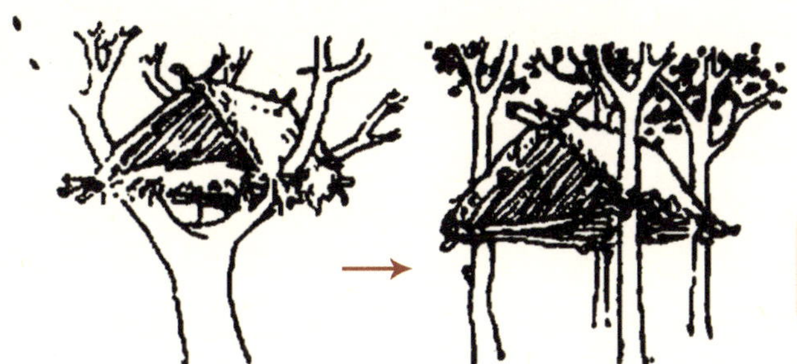

除了巢居形式，远古人类还采用了穴居形式，同学们能想到的穴居形式有哪些？

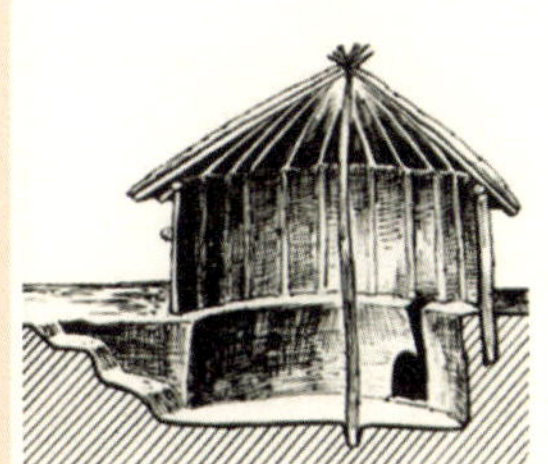

试分析为什么会出现巢居、穴居两种不同的建筑形式？

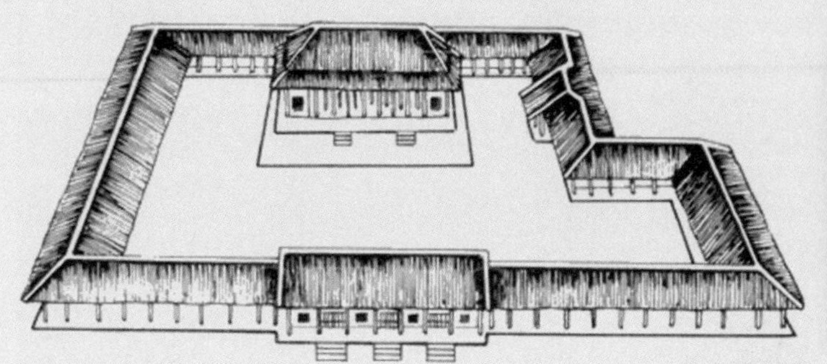

中国人盖房子，俗称“大兴土木”，所谓“土”和“木”，分别指的是什么呢？

“木骨泥墙”指的是什么呢？

请同学们归纳出二里头遗址1号宫殿的形制特点。为什么说这种宫殿建筑形制开创了中国古代宫殿建筑的先河？

> 匠人营国，方九里，旁三门，国中九经、九纬，经涂九轨，左祖右社，面朝后市。
>
> ——《周礼 · 考工记》

周原，是周人的发祥地及灭商之前的都城所在，请同学们观察周原建筑基址平面图，分析其如何体现着《周礼 · 考工记》中的建筑布局？

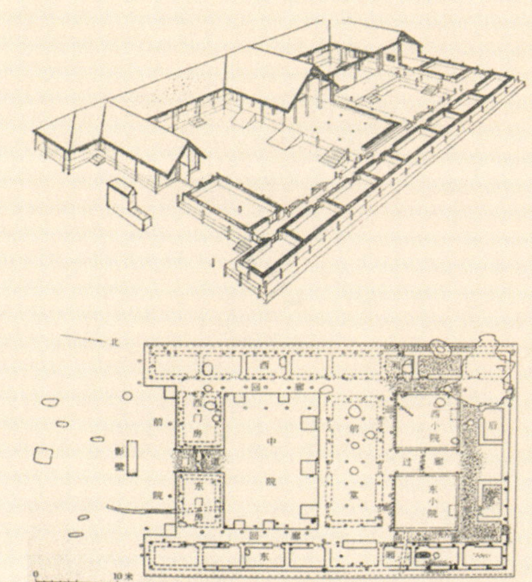

请同学们想一想，常见的民居建筑有哪些？现存规模最大的宫殿建筑是什么？如何沿袭着周以来的建筑布局？

观察思考

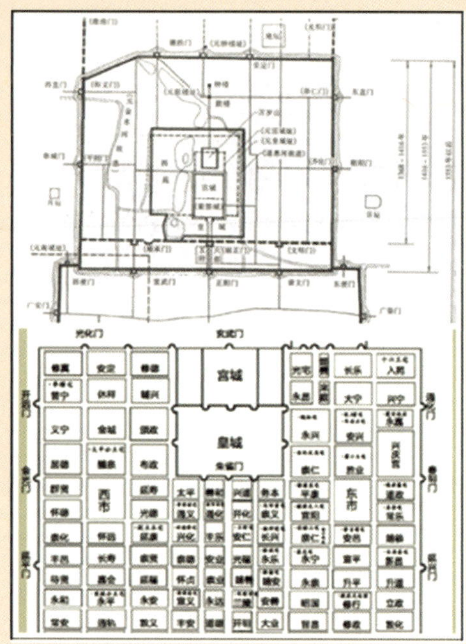

“礼”是封建社会的政治制度和道德规范。礼制规范着建筑，建筑体现着礼制。古人在营建都城的过程中处处体现礼制。观察左图，分析城市布局是如何体现礼制的？

道德仁义，非礼不成。教训正俗，非礼不备。分争辨讼，非礼不决。君臣、上下、父子、兄弟，非礼不定。

——《礼记》

涉及学科： 历史、语文、地理、美术、数学

课程设计：吴学婷

摹写自然

中国远古彩陶上的图案

知识引航

什么是彩陶？中国什么时候出现了彩陶？为什么会出现彩陶呢？仔细观察，说说这些文物之间的不同点：

彩陶的发展需要什么环境？你认为彩陶文化在中国的分布如何？请试着标出来。

馆中发现

想了解更多中国远古时期的彩陶吗？让我们到国家博物馆“古代中国”展厅去一探究竟吧！

用自己的语言描述出你眼中的彩陶：

仔细观察发现的彩陶，都看到了哪几类图案？用文字或图画描述出来。

请根据展厅文物在下面两个陶器上画出你看到的图案。通过绘制，你有什么感受？

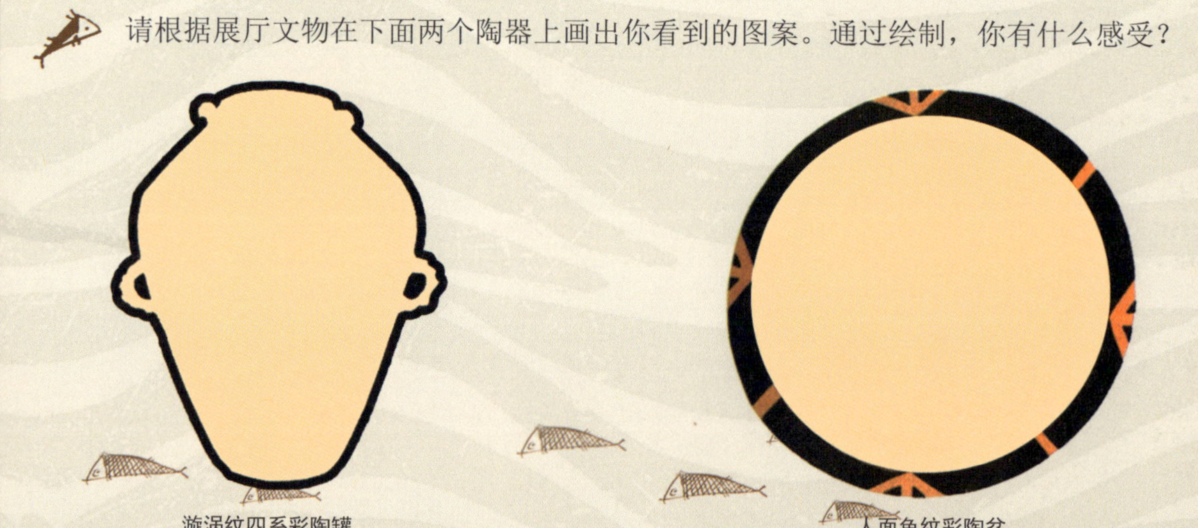

旋涡纹四系彩陶罐

人面鱼纹彩陶盆

你发现这些图案有什么规律？说说你的看法。

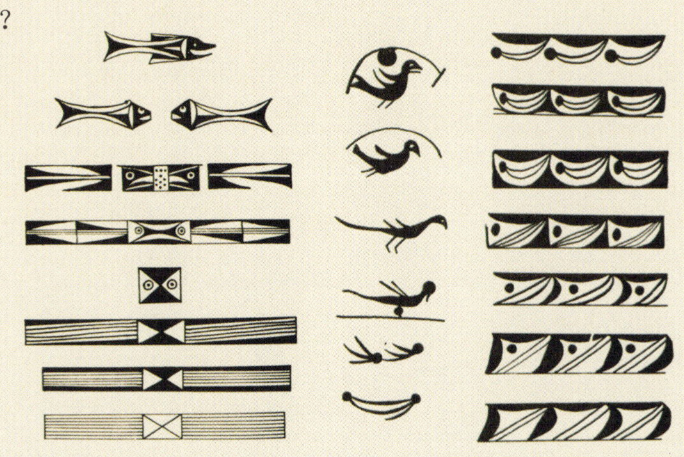

仔细观察下面的彩陶图案，说说它们的描绘特点，为什么会有这种特点？

以下彩陶上的图案代表什么内涵呢？谈谈你对早期人类进行艺术创作的认识。

拓展实践

原始社会的彩陶文化对后来中国的青铜文化、瓷文化和绘画艺术都产生了深远影响，通过今天的学习，你能说说彩陶与它们之间的联系吗？这种关联说明了什么？

除中国之外，世界其他地区也有丰富的彩陶文化遗存，那些彩陶绘画是什么样的？请以古埃及、古希腊地区的彩陶为例，通过阅读或查阅，去发掘它们与中国彩陶的不同吧！

涉及学科：美术、语文、数学、历史、地理、物理、化学、生物

课程设计：梅松松

农具故事

知识引航

河姆渡遗址

骨耜

新石器时代　距今9000—7000年

农业对于人类的意义何在？

在新石器时代骨制农具是否是当时人们唯一的选择？

殷墟妇好墓

青铜铲

殷商　距今3300—3000年

青铜农具给当时中国社会的农业带来了什么影响？

相比于骨制农具，青铜农具最大的优势体现在＿＿＿＿、

＿＿＿＿、强度高等方面。

河南省洛阳市

铁犁铧

北宋　距今1055—888年

铁器在刚刚登上历史舞台时给掌握它的民族造成了什么影响？

请你说说铁自诞生以来都给中国的农业带来过怎样的影响？它带来的哪些影响在今天依然可见？

说说生铁、熟铁、钢的区别。

中国某拖拉机厂

拖拉机轮胎

中华人民共和国　距今1年5个月零7天

在21世纪的今天，人们所使用的农具有哪些？

农具的发展与演变反映了哪些历史规律？

大胆想象一下未来的农具吧！

涉及学科： 历史、物理、化学、地理、政治

课程设计：王松楠

农桑豳风

知识引航

中华文明作为农耕文明，为世界农业的发展做出了重要贡献，你能结合图片写出这些贡献都是什么吗？

馆中发现

中国人在公元前6世纪开始率先将作物按行种植，试着分析行种植的优点。

中国是世界上最早养蚕和丝织的国家，考古发现证明距今3000多年的商代时期，中国人就已经开始养蚕。汉营西域开通丝绸之路后，丝绸成为主要的贸易产品，这种质轻价高的货物在之后影响了西方的纺织技术。

春秋战国时期，人口增加，铁范更多用于农具制造，与之前的陶范相比，铁范有哪些好处？

中国人在公元前6世纪发现成行种植有利于农作物生长，请你设计一种农具，可以将播种和作垄一次完成。

中国是茶叶的原产国，你能分清几种主要的茶叶吗？
请连线回答：

乌龙茶	半发酵
绿茶	全发酵
红茶	不发酵
普洱茶	

茶与瓷之间有怎样的联系？

涉及学科：历史、语文、物理、生物

课程设计：马天翼

青花幽蓝

请在展厅中找到图片中的文物，并从年代、器型、颜色、纹饰的角度概括描述它们的相同点和不同点。

依据你的观察和发现，谈谈你对青花瓷的认识。

知识引航

请从A、B、C、D、E五件瓷器中选择一件与青花瓷同属一类的瓷器。

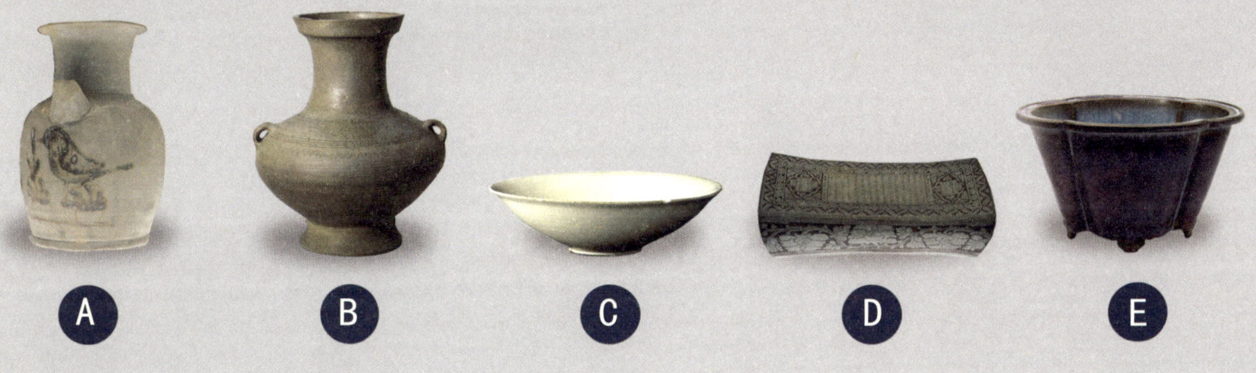

与青花瓷不属同一类的瓷器，请试着说出它们各自的不同之处。

请通过学习、观察和思考，试着归纳总结出青花瓷在不同制瓷工艺体系中所占的地位及发挥的作用。

拓展实践

元 青花缠枝牡丹纹梅瓶
上海博物馆藏

小知识
“梅瓶”又称“经瓶”或“酒经”，是宋代开始出现的一种储酒容器，“梅瓶”是元代青花瓷器中常见的一种器型。

在今天的土耳其、伊朗、伊拉克等中东国家的博物馆中，收藏着很多中国元代时期的青花瓷，这是什么原因呢？在元代，这些青花瓷又是如何被运送到这一地区的呢？

小知识
从17世纪晚期开始，随着更多的中国瓷器被运往欧洲，欧洲的陶瓷制造商们也纷纷开始尝试仿制中国瓷器。18世纪早期，在德国的迈森首先建立起了欧洲最早的瓷器制造厂。

这是20世纪初，由著名的德国迈森瓷器厂生产的一组青花瓷咖啡具，请大家仔细想一想，这说明了什么呢？

青花花卉纹迈森瓷咖啡具
上海市历史博物馆藏

涉及学科：语文、化学、历史、地理

课程设计：朱宁

青铜饕餮

青铜器的前世今生（请尝试填写文物的名称、年代和纹饰特点）。

观察思考

人说龙生九子各有不同，我就是传说中的龙子之一饕餮（tāo tiè），你能认出图片中我身体的各个部分吗？

饕餮纹的几种构成形式：

①

②

③

后母戊鼎的结构与纹饰分析：

拓展实践

在商周时期，青铜器的使用数量、造型及纹饰无不彰显其主人的身份与地位，同时折射出当时的社会规则与理念。
而运用在青铜器上的饕餮纹，据推断它大致是一种先人对古代宗教中天帝形象的描绘，或许是用以震吓邪灵，或许是寻求庇佑，体现着古人对世界的认知与理解。请试一试，画一画。

涉及学科：美术、品社

课程设计：黄宋

青铜铸造

知识引航

什么是青铜？它与陶相比有何优势？

先秦时代的文献中常常提到“金”字，它指的是什么？

金文、铭文、钟鼎文是什么？

馆中发现

孔雀石

木炭

坩埚

请思考并分组讨论，以上物品在青铜器铸造中起到什么作用？为什么古人会选择使用该种材料？

什么是“模”？什么是“范”？

你知道以下文物的名称、所属时代和铸造工艺吗？让我们共同了解一下吧。

通过展厅的学习，请和同组同学讨论并填写以下内容（主要操作步骤即可）。

内模外范法：

分铸法：

失蜡法：

拓展实践

设计“失蜡法”模拟铸造实验

实验所需材料：

步骤：

中国先秦时期的青铜器铸造活动对人类社会意义深远。青铜器的应用代表了当时的科技水平和文化艺术水平，成为这一时期的鲜明标志。由于青铜从材质上克服了纯铜的不足，且具有熔点低、铸造性能好等优点，逐渐成为古代铜器的主要品种，并且促进了造车、造船、雕刻、金属加工等制造技术和农业、军事及经济社会的发展。针对以上观点，请表达一下自己的想法。

涉及学科：劳技、品社

课程设计：黄宋

人何爱马

知识引航

你坐我不坐，我行你不行，
你睡躺得平，我睡站到明。

（猜一种动物）

今天，我们就说说它与咱们人的关系……

不要小看右边的这匹“小家伙”
它可是左边这匹现代马的祖先。

请将“马”字与对应的字体用线连接起来。

- 草 书
- 行 书
- 篆 书
- 甲骨文
- 隶 书

请将“马”字与对应的画法用线连接起来。

- 写意马

- 抽象马

- 写实马

从文字、绘画的演变能看出人类在很早以前就对马有了认识，那么之后马与人类的关系是如何进展的呢？

馆中发现

仔细观察示意图，猜一猜这些石球的用途：

这辆马车为什么带着卷篷？
它是给谁坐的？

它是干什么用的呢？
为什么西方人称它为“中国靴子”？

名称： 年代：

出土地点：

历史价值：

这匹马身上的金文讲了一个怎样的故事？

为什么秦始皇、唐太宗这些君王对马这样钟爱？

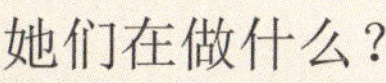

这匹马的鬃有什么特点？它的主人为什么要刻意打扮它？

你知道哪些与“马”有关的成语？

成语：

典故：

含义：

今天，马依然是人类的朋友。

涉及学科：历史、语文、地理、生物、政治、物理、美术、体育、艺术

课程设计：郦爽君

人仪玉德

知识引航

你认识哪些和“玉”有关的汉字呢？

珩

甲骨文	金文	篆文	隶书	楷书

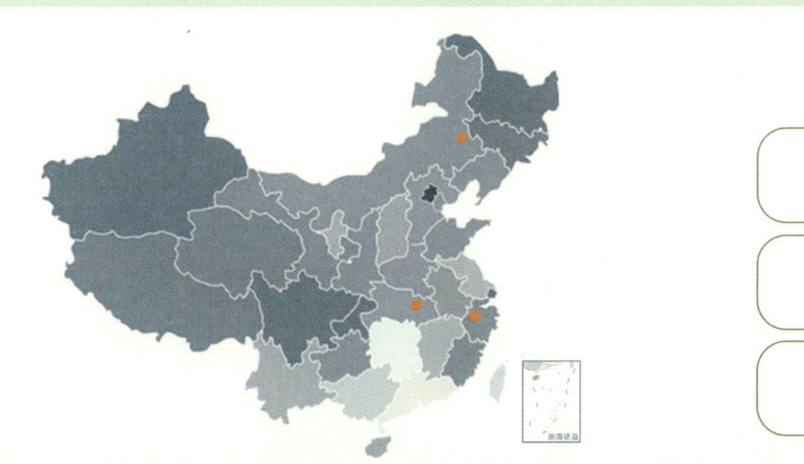

馆中发现

在展厅里找找看，它们都是玉吗？制作于什么时期？又是做什么用的呢？

文化时期：

距今时间：

使用功能：

文化时期：

距今时间：

使用功能：

文化时期：

距今时间：

使用功能：

这几件玉器的功能今天还会使用吗？试分析这些器物与今天的玉器之间的继承与发展关系。

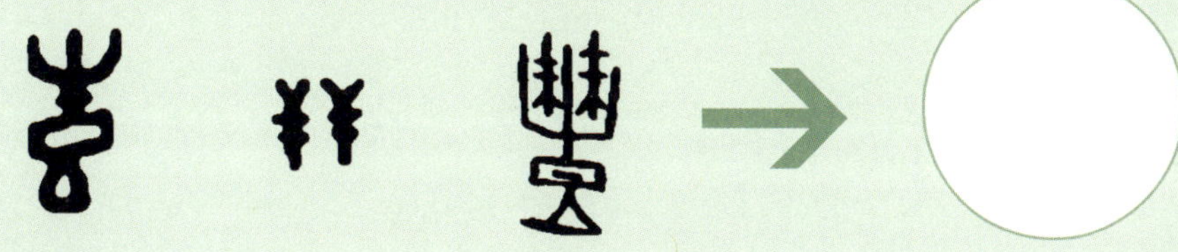

涉及学科：历史、地理、物理、语文

课程设计：董胤

三彩世界

知识引航

什么是唐三彩？

它是陶器还是瓷器呢？

它在唐代的用途是什么呢？

我所了解的

唐：

三：

彩：

用途：

分类：

特点：

馆中发现

以下陶俑反映了唐代社会生活的哪些方面？

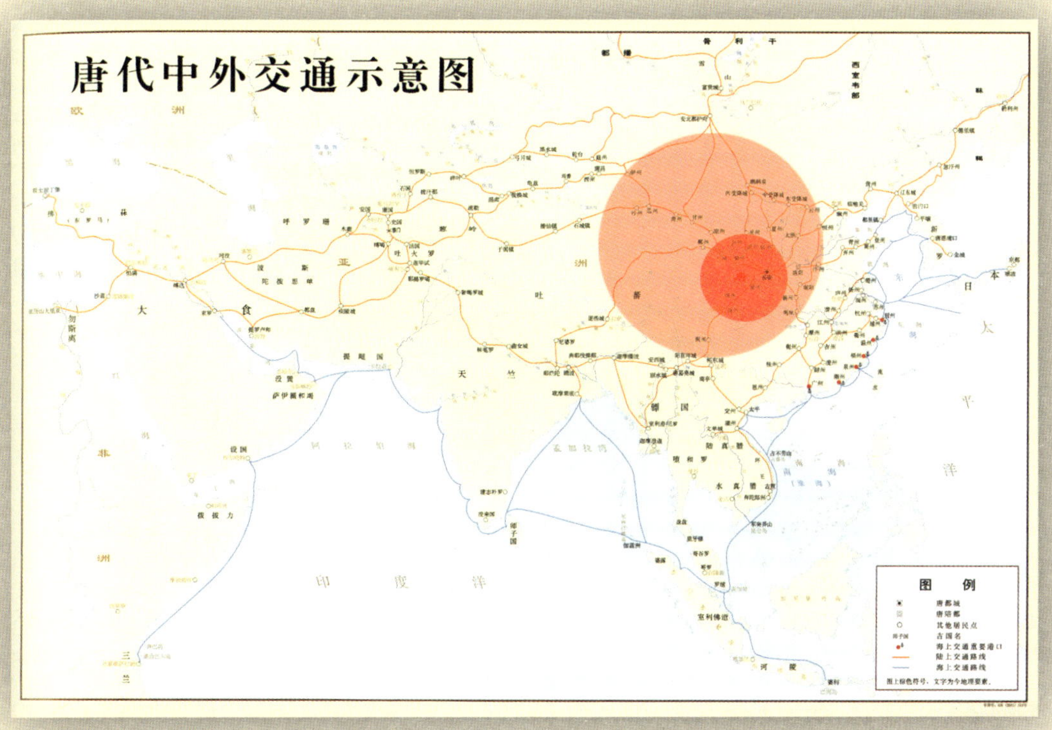

丝绸之路对于东西方各个方面的交流和影响有哪些贡献？

结合上图，谈谈丝绸之路对唐代人的生活有哪些影响？

涉及学科： 历史、美术、语文、自然、体育、音乐、地理

赏书品画

同学们，题目中的“书”“画”指的是书法和中国画。它们都是优秀的中国传统文化。也许你觉得它们有些陌生，但其实对古代的读书人来说，写书法和画画是日常生活中经常做的事。书、画都是用毛笔和墨共同完成的，毛笔和墨营造出浓、淡、干、湿、焦的不同效果，使作品充满情趣和神奇，具有独特的魅力，今天我们就一起去“古代中国”展厅去感受一番吧。

同学们，请在“隋唐五代”展厅找到书法作品《琵琶行》。

《琵琶行》中的墨色深度是一样的吗？墨色的变化有什么规律？为什么？

下面四幅书法作品，你喜欢哪幅，为什么？

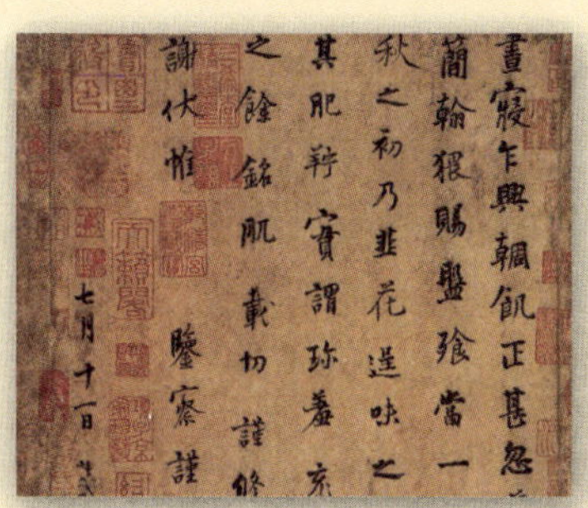

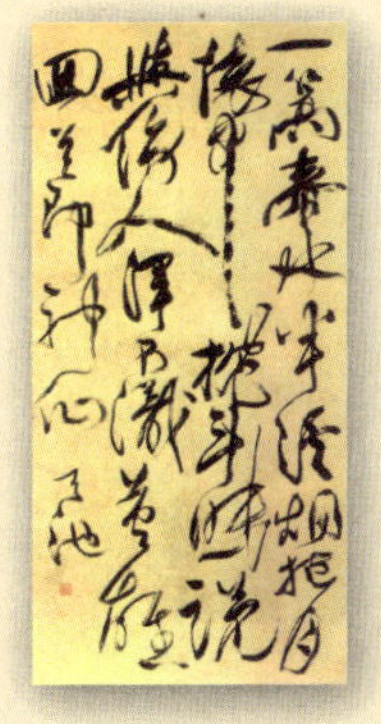

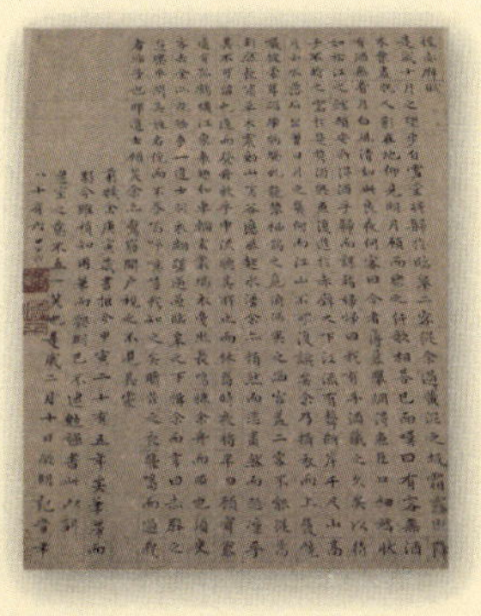

在下图中选出哪个是“琵琶”。
在“琵琶”下面打勾。

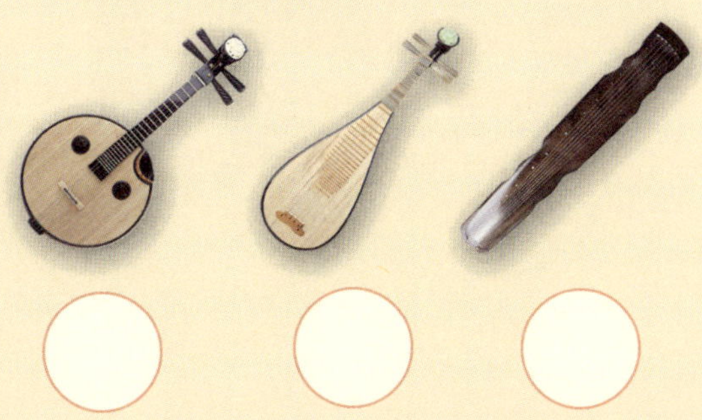

在“辽宋夏金元”展厅找到《水竹居图》（左图）。它是哪个朝代的作品？算一算距离今天大约有多少年的历史了呢？

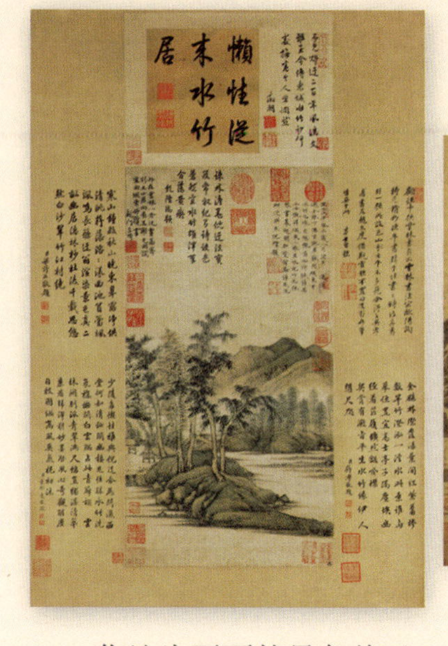

仔细观察，你们发现右边的图与《水竹居图》有几处不同？

你认为画面的景色美吗？是真实的场景吗？你感觉画家作画时的心情怎样呢？

请给下面的画排好顺序。

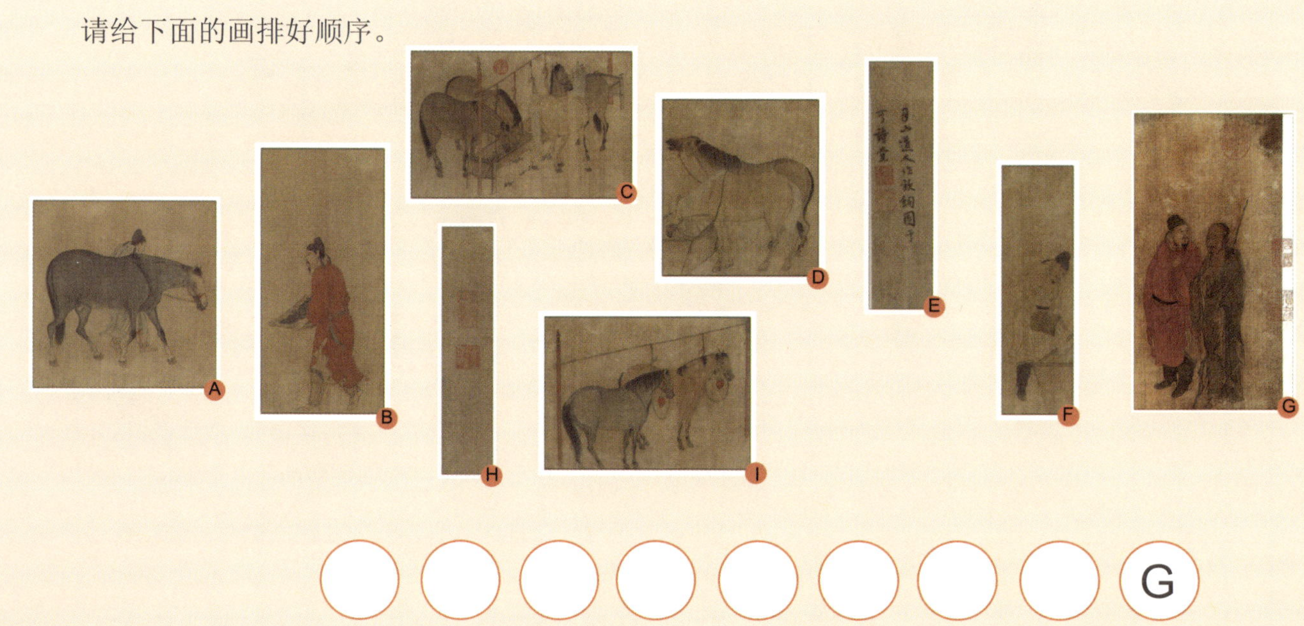

在“明清时期”展厅找到左图。它是什么朝代的作品？你觉得它为什么这么小？

注意观察画面，这幅画是由几种颜色组成的？

作品画了几棵树？表现的是什么季节呢？画面给你的感觉是湿润的还是干爽的？

在“明清时期”展厅找到左图，观察画上都画了什么？

找出画面上的焦墨和淡墨。

这幅画的作者郑板桥一生喜欢画兰竹，他在用兰竹表达什么含义呢？

拓展实践

同学们，你们发现了吗，在书画中“墨”并不只是一种黑色，而是有多个色阶的差别，像音符的跳跃，呈现出节奏变化的美感。这种墨色的变化也更好地表现出了作品复杂微妙的感情。

同学们，希望你们通过今天的学习，能够对书画产生浓厚的兴趣，爱上我们中国优秀的传统文化。最后我们再来通过画作感受一下“书画”在古人雅致生活中的重要作用吧！

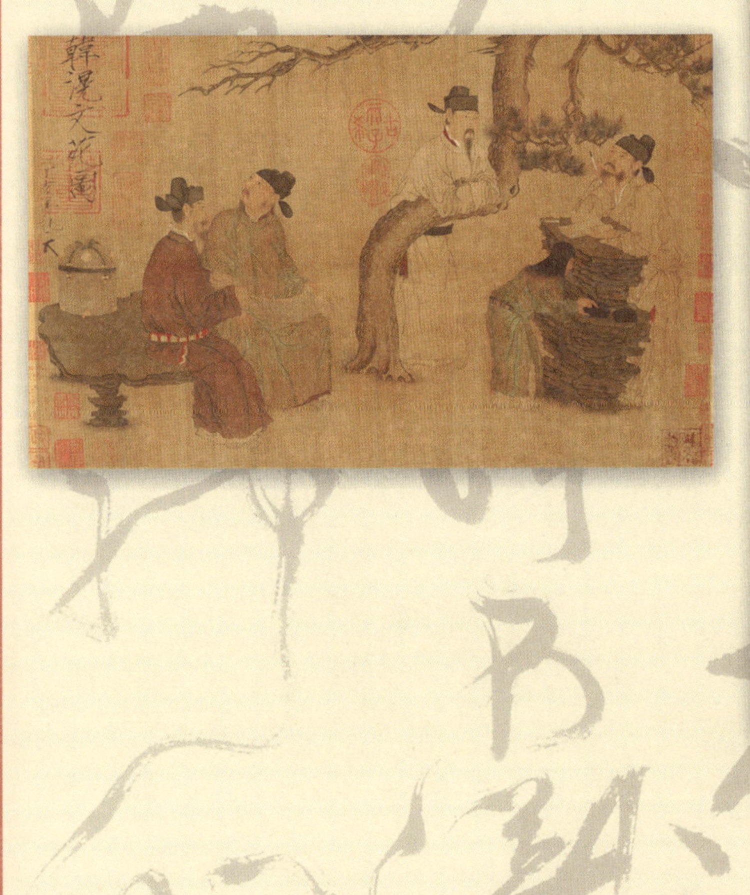

涉及学科：美术、书法、历史、语文

课程设计：佟欣鑫

神龙出世六千年

知识引航

同学们，你在哪里看到过龙的形象？

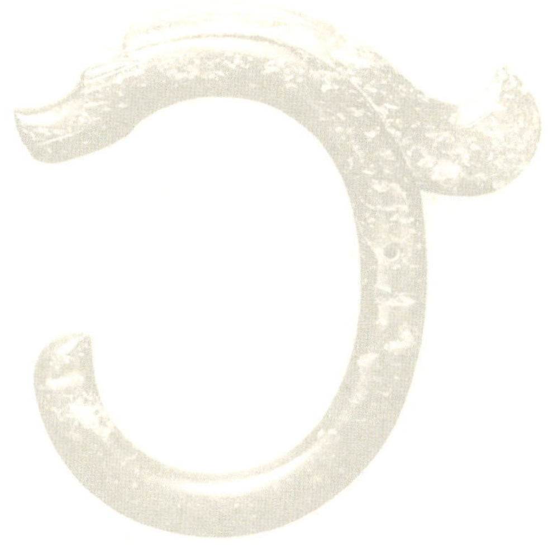

为什么这些地方会出现龙的形象？

你心目中的龙：

馆中发现

想一想

左边的图片跟龙的产生有什么样的关系？

请填写出下列文物所处的年代：

根据展厅中的文物，说说不同年代“龙”的形象特点和所处社会环境。

远古时期：

商周时期：

秦汉时期：

南北朝时期：

隋唐时期：

明清时期：

龙与古人的生活有怎样的联系？

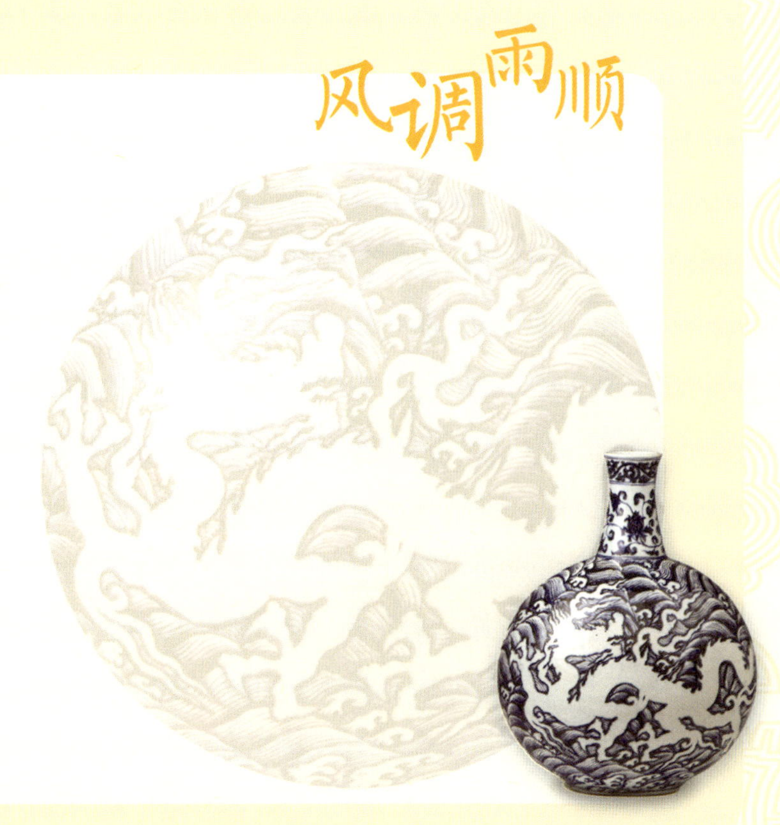

拓展实践

“龙”的形象在中国已经有六千年的历史了，请你想一想在不同的历史时期，“龙”对中国人的生活和社会的发展都产生了哪些影响？

涉及学科：历史、语文、地理、美术、政治、艺术

课程设计：王诺莎

生存的抗争

知识引航

房山区周口店龙骨山

北京人头盖骨

旧石器时代　距今70万—20万年

北京猿人和我们现代人之间有着怎样的关系？

考古学者是怎样知道哪些石器是原始人使用过的？

在旧石器时代晚期我们脚下的这片土地上，人类为了生存进行了怎样的抗争？

浙江省吴兴县钱山漾

石镞

新石器时代　距今7000—5000年

旧石器时代早期和中晚期之间最大的差别是什么？

造成这一切的根本原因又是什么呢？

你可以通过这种石镞的出现推断出什么？

你认为弓箭相比于其他的狩猎工具最大的优势体现在哪里？

河南辉县琉璃阁

青铜龙纹刀

殷商　距今3300—3000年

人类掌握的第一种金属为何是青铜呢？

青铜武装相对于骨头和石头制作的武装有什么优势？

你通过右侧的这把青铜龙纹刀可以推断出什么？

殷商时期的祖先为了生存进行了决死的抗争，说说看，你都知道些什么？

内蒙古自治区包头市召湾汉墓

单于天降瓦当

西汉　距今2217—2007年

华夏民族在2000多年前的秦汉时期为了生存而做出了怎样的抗争？

你也来谈谈今天我们依然面临着哪些威胁？为了生存我们还要做出怎样的抗争？

涉及学科： 历史、地理、物理、化学、生物、政治

十二生肖

知识引航

想一想，什么是生肖？

请在干支后面对应的圆圈内填入生肖。

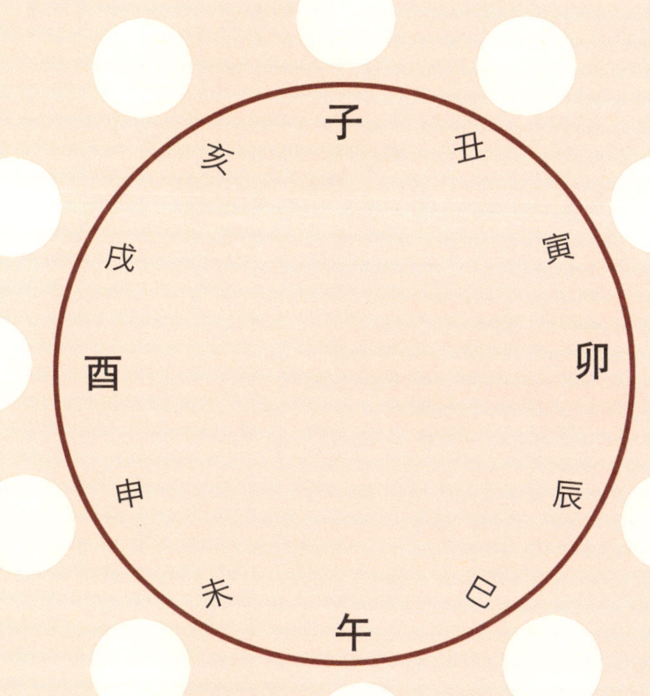

最早记载中国十二生肖的文献是哪一部：

A.《春秋》　B.《史记》　C.《诗经》　D.《汉书》

为什么选这十二种动物作生肖？

性格特征：

性格特征：

性格特征：

性格特征：

性格特征：

性格特征：

性格特征：

性格特征：

性格特征：

性格特征：

观察思考

话说羊年

什么叫本命年？多久过一次本命年？本命年为什么要挂红？

马年从哪天结束？
- 元旦
- 腊月三十

羊年从哪天开始？
- 立春
- 正月初一

为什么详、善、群、美都用“羊”作为偏旁？

你知道羊与耶稣的关系吗？

为什么这枚官印是羊形？

写出三个与羊有关的成语：

1

2

3

涉及学科：历史、语文、地理、生物、政治、科学、美术、艺术、数学

课程设计：郁爽君

四大发明

知识引航

中国的四大发明是什么？

四大发明对中国乃至世界有什么影响？

馆中发现

为人类提供了经济、便利的书写材料，掀起一场人类文字载体革命。

大大促进了文化的传播。

为欧洲航海家的航海活动，提供了条件。

改变了作战方式，帮助欧洲资产阶级摧毁了封建堡垒，加速了欧洲的历史进程。

宝物一：汉代纸张

所在位置： 秦汉时期

关 键 词： 便利的书写

时　　期：

文物名称：

与哪个人物有关？

宝物二：活字印刷模型

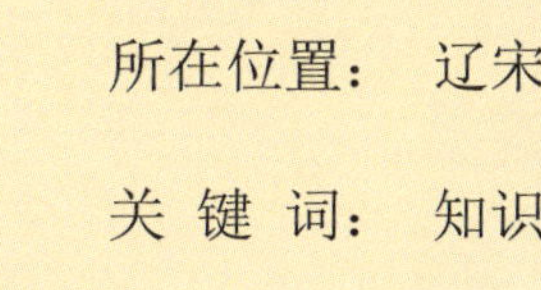

所在位置： 辽宋夏金元时期

关 键 词： 知识的传播

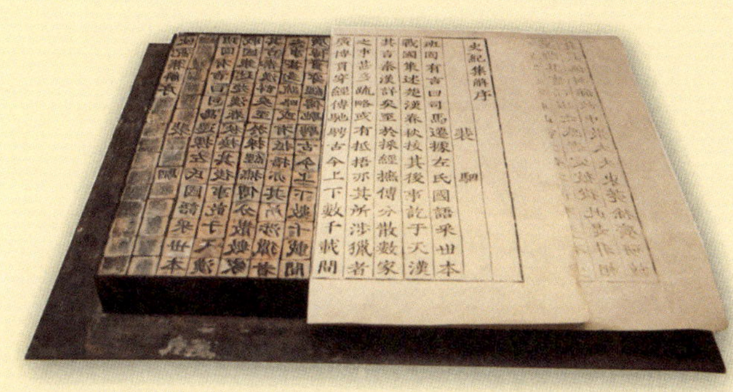

时　　期：

文物名称：

谁发明的？

宝物三：水浮法指南针

所在位置：　辽宋夏金元时期

关 键 词：　指示方向

时　　期：

文物名称：

用途是什么？

宝物四：青铜火铳

所在位置：　辽宋夏金元时期

关 键 词：　青铜质、武器

时　　期：

文物名称：

如何控制发射距离？

涉及学科：科学、历史、美术

课程设计：牛志华

文明互鉴

远古回音

写出它们的名字，找出共同点，并说说你是怎么想的？

在展厅里找到它们，尝试从交通和商业角度谈谈看法：

据史料记载，早在夏代，商部族就已出现早期商业活动，“商人”的名称也由此而来。

画一画

展厅中还有相似的文物吗？请找出并画下来。

尽情展开想象，编个和彩陶纹饰题材相关的小故事。

观察思考

德国著名地理学家李希霍芬在其撰写的《中国》一书中首次提出“丝绸之路”这一概念。

尝试将这条历史上著名的通路画出来吧。

《张骞出使西域图》
敦煌莫高窟壁画

背景：

目的：

结果：

《纺织图》
汉画像石

除丝绸外，还有哪些货物往来于“丝绸之路”？

尤里乌斯·凯撒
罗马皇帝、
世界著名政治家、
军事家

相传凯撒大帝引领了古罗马的丝绸热，无数贵族男女为了效仿他花费千金求购丝绸制品，还将神秘的盛产丝绸的东方古国称为“赛里斯”，译为“丝国”。

繁花似锦

边城暮雨雁飞低，
芦笋初生渐欲齐。
无数铃声遥过碛，
应驮白练到安西。
——（唐）张籍
《凉州词》

《凉州词》中描绘的是怎样一幅画面？

文物信息：
1
2
共同点：

认识：

文物信息：
1
2
共同点：

认识：

文物信息：
1
2
共同点：

认识：

文物信息：
1
2
共同点：

认识：

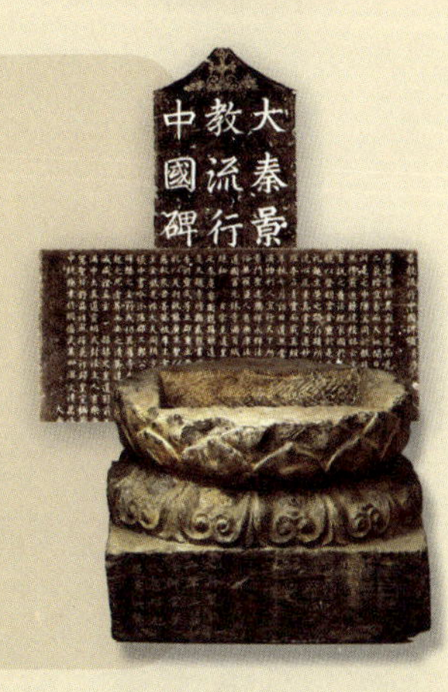

根据本学习单的图像文字信息，说说汉唐丝路的不同：

拓展实践

中西交会

它们与海上丝绸之路的发展之间有什么联系？

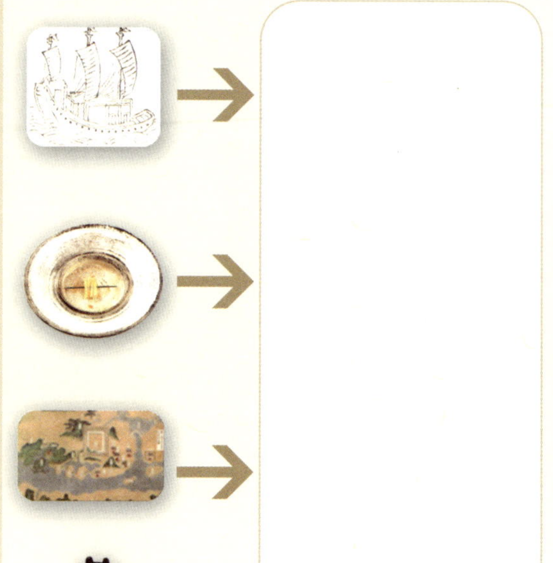

航海大事记

你认为《南都繁会图》中哪些信息很重要？试着从对外开放、贸易全球化角度谈谈看法：

涉及学科：历史、地理、美术、艺术

课程设计：陈雯鹭

五霸七雄

请在形势图中写出春秋五霸，并写出该诸侯国称霸时的名称。

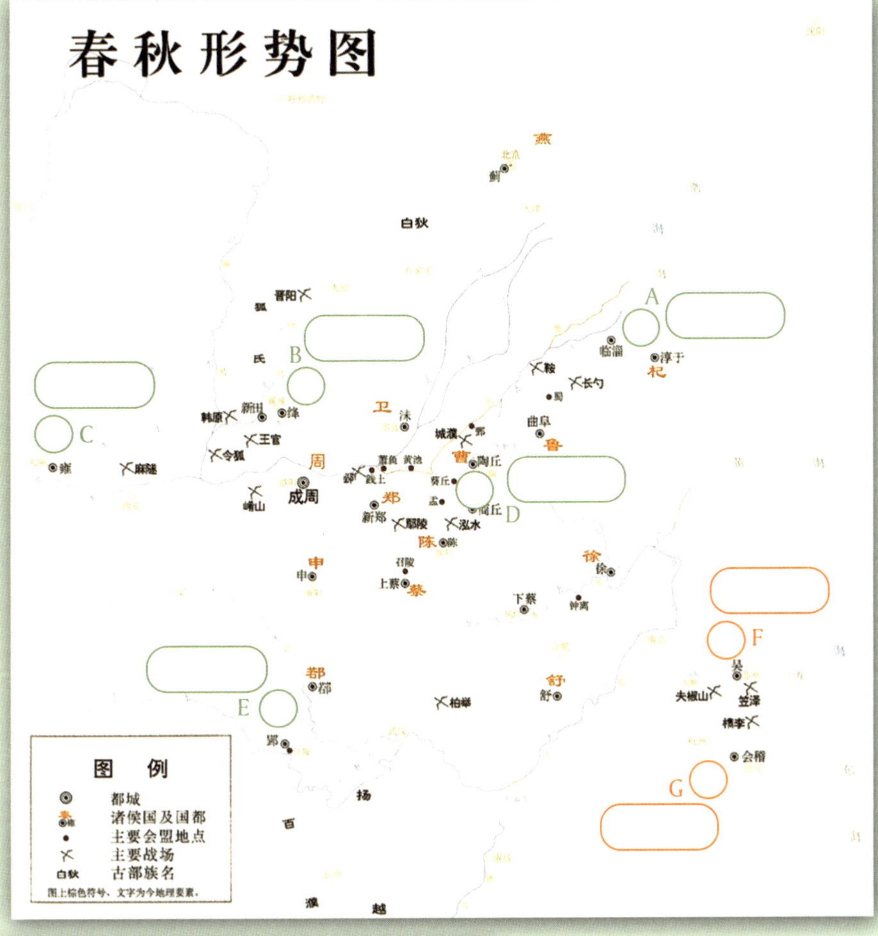

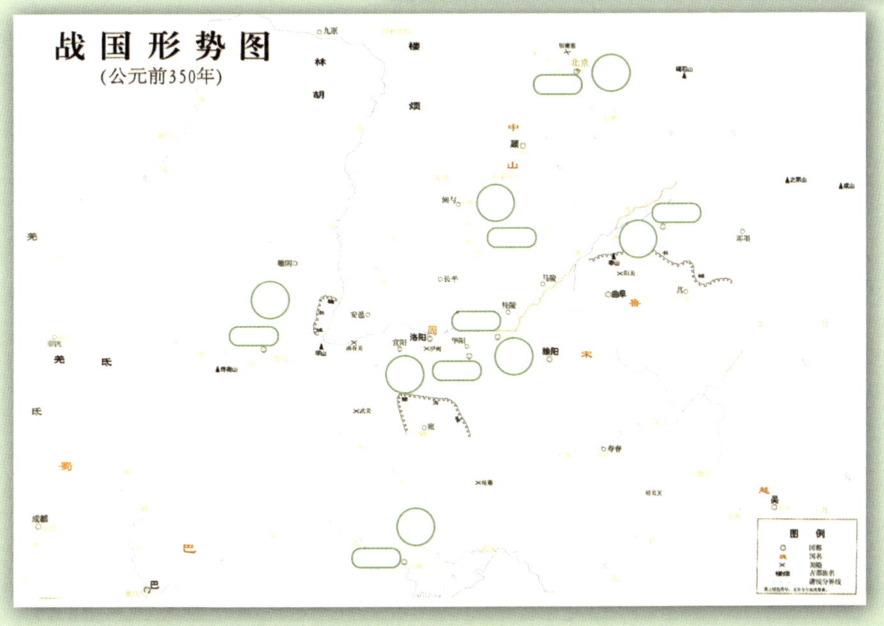

请在形势图中写出战国七雄并选择该诸侯国的首都标注相应位置。

A. 郢
B. 临淄
C. 咸阳
D. 邯郸
E. 大梁
F. 蓟
G. 郑

馆中发现

请写出下列青铜礼器的哪些方面体现了周天子的地位衰落。

“王子午”青铜鼎

王子婴次炉

秦公簋

请结合以下文字和所学的知识谈谈六国合纵失败的原因。

> 六国破灭，非兵不利 ，战不善，弊在赂秦。赂秦而力亏，破灭之道也。
> 齐人未尝赂秦，终继五国迁灭，何哉？与嬴而不助五国也。五国既丧，齐亦不免矣。
> 以赂秦之地，封天下之谋臣，以事秦之心，礼天下之奇才，并力西向，则吾恐秦人食之不得下咽也。悲夫！
>
> ——（宋）苏洵《六国论》

将下面的内容连线并思考农业为什么会发生变化？

夏　商　周

春秋战国

一家一户小农经济

集体经济

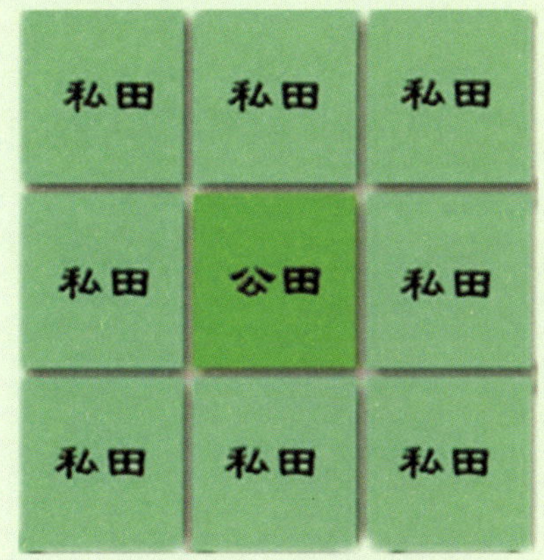

春秋战国时期手工业在哪些方面有所提高？

拓展实践

秦国在战国后期实力强大采用了哪家的治国方针，它对日后秦帝国的统一有哪些积极的影响？

若你是一位诸侯王，你会采用哪家的治国方针？

若你是一位普通百姓，你希望你所在的诸侯国采用哪家的治国方针？

涉及学科：历史、地理、语文、数学、美术、政治

课程设计：赵梦阳

小火苗大智慧

知识引航

比较他们的异同：

北京人

山顶洞人

年代：

相貌：

住处：

馆中发现

名称：　　　　名称：　　　　名称：

用途：　　　　用途：　　　　用途：

这些生产工具形状上的区别是什么？说明了什么？

火最初是怎么出现的？

名称：

名称：

以上文物说明了什么？

如果是你，你会如何保存火种？

人们不再依赖于天然火，人们还掌握了哪种取火方法？请说出理由。

拓展实践

火的出现，对我们人类有着深远的意义，没有火，人类的生存就会出现危机，但如果没有利用好火，火同样会威胁人类的生命。

你都了解哪些防火避险知识呢？

涉及学科：品社、美术

课程设计：范悦

小礼物大外交

相知无远近　万里尚为邻

知识引航

全世界172个国家和地区已与我国建立了和平友好的外交关系，你知道其中哪些国家呢？请在地图上标注出来。

这些建交国会用什么样的动物形象作为国礼呢？

美国

泰国

馆中发现

美国总统尼克松在未与我国建交之前送给毛泽东主席这件国礼有什么特殊寓意呢？

天鹅的美好寓意：

中美建交

时间：

人民日报 号外

中华人民共和国和美利坚合众国
关于建立外交关系的联合公报

中华人民共和国政府发表声明

中泰建交

时间：

泰国总理江萨为什么会送给周恩来总理这件大象题材的国礼呢？

除了泰国之外，还有哪些国家会用大象作为国礼呢？

拓展实践

请你们到展厅里找找看以下这些动物题材的国礼来自于哪些国家？并思考为什么这些国家会选用动物题材作为国礼呢？

在外交活动中我国领导人赠送过动物题材的外交礼物吗？

涉及学科： 地理、历史、政治、生物、艺术

课程设计：韩玥

悬壶济世

知识引航

要想成为一名悬壶济世的中医，可不是一件容易的事情。你了解中医的看家本领——针灸吗？

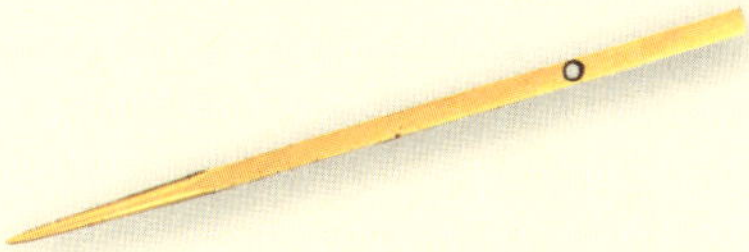

针的疗法：

灸的疗法：

针与灸的发明是受什么因素影响呢？

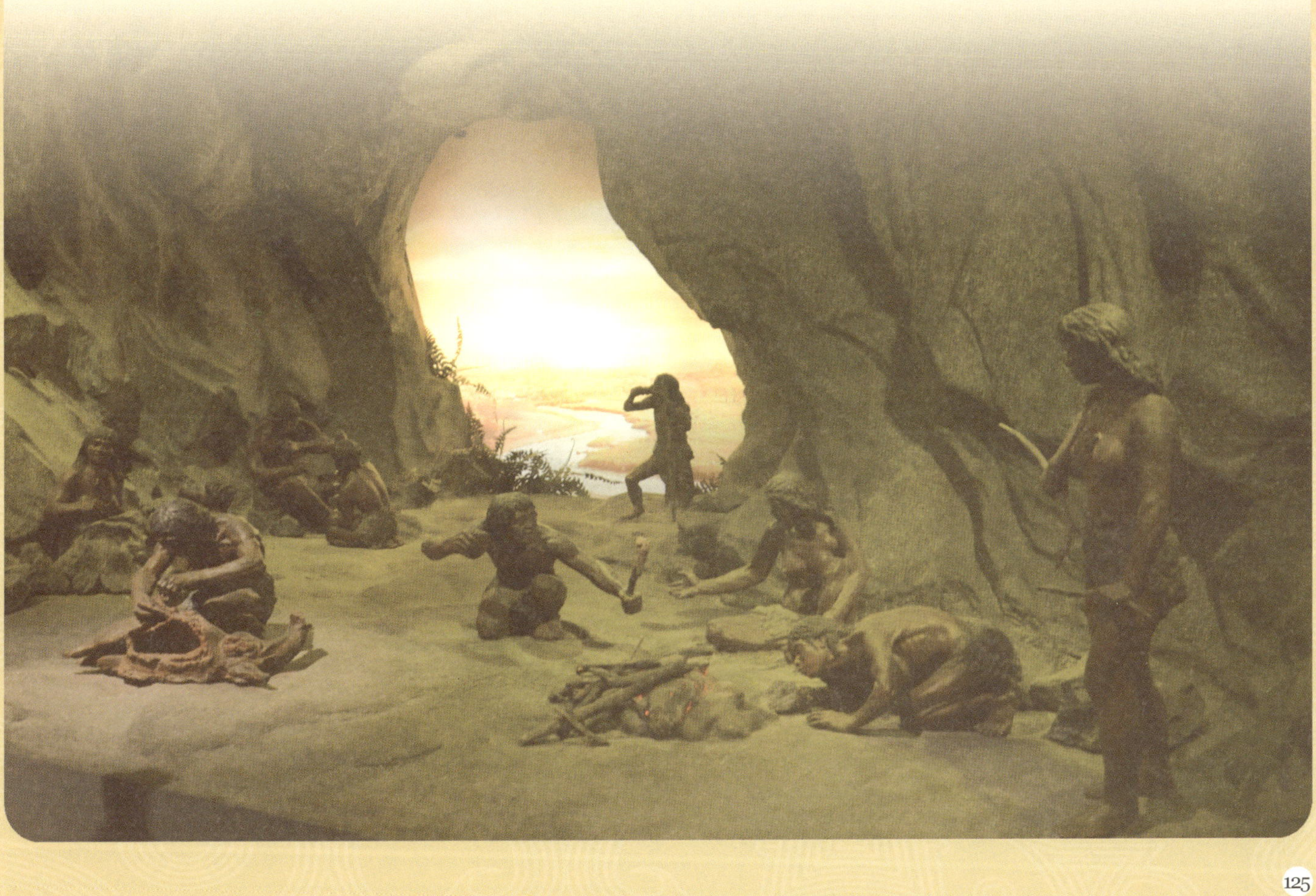

中医理论自建立以来，一直传承至今，你了解哪些中医的主张吗？

这本书中记载了先秦时期医学的发展，请把书名写下来。

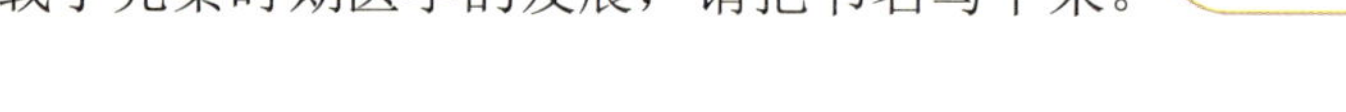

这本书在医学史上有什么重要意义？

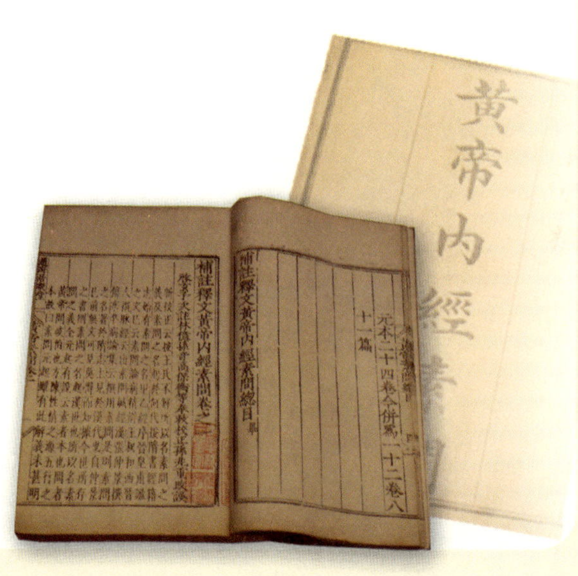

古人如何称呼中医？他们眼中的神医又是什么样子呢？

时期：　　　　　　　　　　名称：

功用：

当时人们将医生称作（　　　　　　）。

时期：　　　　　　　　　　名称：

请圈出画中的神医。神医的形象有何独特之处？为什么？

他是先秦时期的一位神医，被人们尊称为（　　　　　　），

本名是（　　　　　）。

你知道他的事迹吗？

拓展实践

妙手回春

学医之人都想掌握妙手回春的医术。如何检验医术的高低呢？

时期：

名称：

用途：

时期：　　　　名称：

作者：

内容：

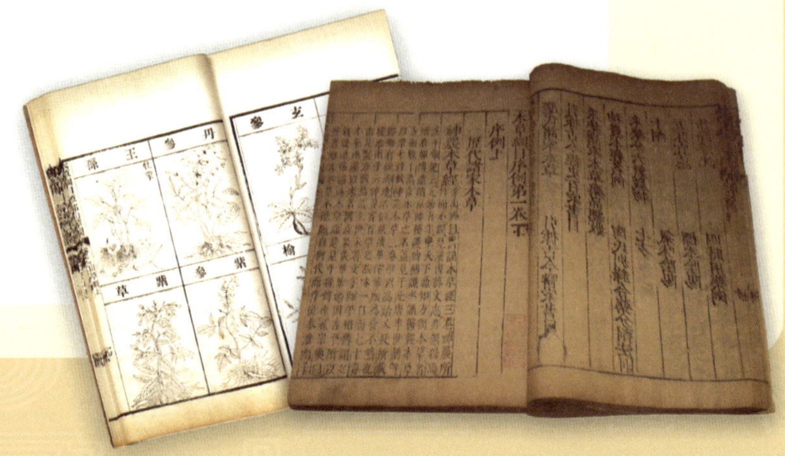

涉及学科：历史、科学、品社、美术

课程设计：刘林琳

窑变争奇

知识引航

比一比

我们日常生活中经常会使用陶瓷制品，请你从以下几个方面进行对比，看一看“陶”和“瓷”之间有哪些区别？

看：

摸：

听：

看：

摸：

听：

请你试分析是什么原因导致“陶”和“瓷”产生这些物理性质上的差异？

瓷器小常识

在展厅中找到这些瓷器并说说它们之间有什么联系？

白釉瓷器的出现说明了什么？对瓷器的发展有什么意义？

想一想

颜色釉瓷在烧制前和烧制后呈现的色彩一样吗？要烧出这些美丽的釉色需要具备哪些条件？

你能说出一些有关瓷器的传说故事或民间谚语吗？你从中悟出了什么道理？

拓展实践

艺术来源于生活。想一想是谁成就了瓷器绚丽的色彩？如果你是一位制瓷工匠，你能把生活中这些常见的现象与瓷器的装饰联系在一起吗？

涉及学科： 历史、化学、美术、语文、地理

一方水土一方人

馆中发现

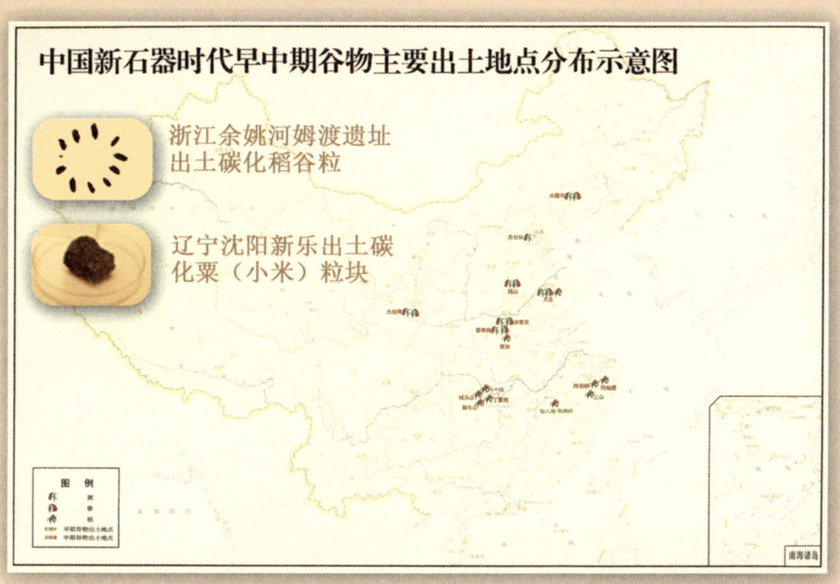

结合上图，完成以下任务：

黄河流域

地理特点：

气候特点：

土壤特点：

主要原始农作物：

长江流域

地理特点：

气候特点：

土壤特点：

主要原始农作物：

观察思考

这些陶器是做什么用的呢？想一想古人发明陶器的目的是什么呢？

这些陶器的形状是不是很有意思，像什么呢？具备了哪些条件古人才有能力制作造型各异的陶器？

艺术来源于生活，猜一猜这些纹饰描绘的是什么内容？

穴居野处

构木为巢

原始聚落

半地穴式建筑

干栏式建筑

观察上图，结合前面所讲试分析人与自然之间的关系。

拓展实践

距今约________年前后中国的远古人类开始烧制陶器。

距今约________年前后原始农耕在中国大地上出现。

木构建筑出现在距今约________年前后。

参考上面三题的答案，试分析农耕、制陶和木构建筑在中国出现的主要特点？为什么？

涉及学科： 地理、自然、历史、语文、化学、美术、数学

课程设计：杨洋

艺术与技术

中国木结构建筑

知识引航

上古之世，人民少而禽兽众，人民不胜禽兽虫蛇。有圣人作，构木为巢以避群害，而民悦之，使王天下，号曰有巢氏。

—— 韩非子

半地穴式

南

干栏式

我们的祖先依照远古建筑的样式创造出了相应的文字，还有哪些字和词与建筑有关呢？

精巧的榫卯结构

唐 南禅寺斗拱

鲁班锁

榫卯（sǔn mǎo）结构组成的斗拱在木构建筑中起到了什么作用？

东汉 绿釉陶楼

除斗拱外还有哪里用到了榫卯结构？

汇聚于木构建筑上的艺术

“单于天降”瓦当

西夏 绿釉鸱吻

在建筑中的位置：

在建筑中的作用：

在建筑中的位置：

在建筑中的作用：

木结构建筑中还有哪些让你觉得美的地方呢？

拓展实践

建筑的色彩

白　灰　明黄　红　黄　绿　蓝

帮色彩回家！

皇家宫殿	私家园林	普通民居
主要色彩：	主要色彩：	主要色彩：
在建筑上的位置：	在建筑上的位置：	在建筑上的位置：
用这些色彩的原因：	用这些色彩的原因：	用这些色彩的原因：

涉及学科：历史、地理、语文、美术、物理

课程设计：杨洋

俑塑人生

知识引航

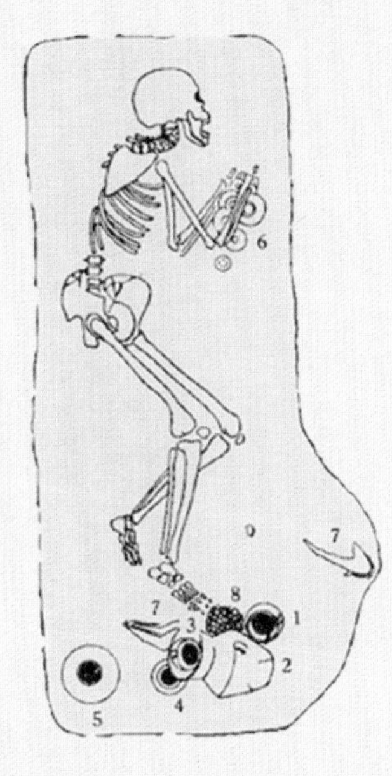

为什么会出现陪葬，这种制度反映了中国人怎样的生死观？

这一时期的陪葬物品都有什么？

其中的殉人为什么会呈现出不同的姿势？

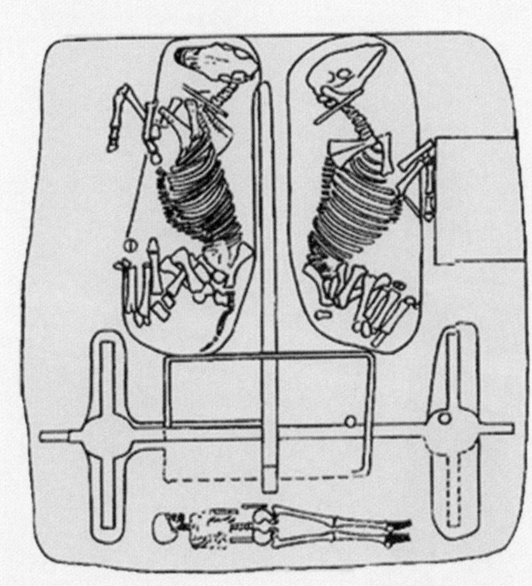

馆中发现

姓名：殉人　　身高：160cm
朝代：

特点：

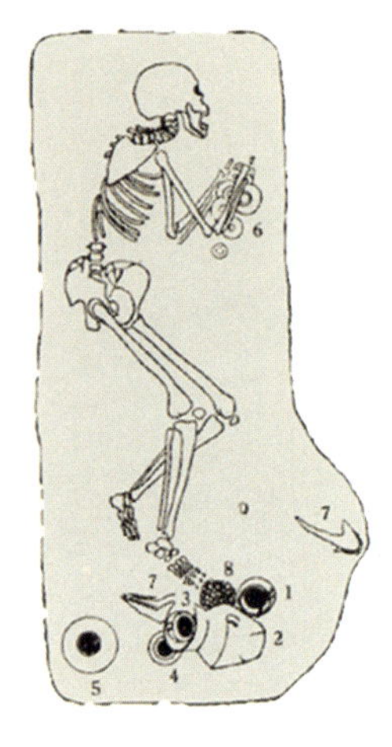

姓名：陶俑　　身高：190cm
朝代：

特点：

姓名：陶俑　　身高：50cm
朝代：

特点：

姓名：陶俑　　身高：38cm
朝代：

特点：

陶俑的出现是社会的一大进步，你认为这是怎样的一种进步？

无论从体型还是面貌上，我都和秦俑有很大差别，这体现了汉代怎样的精神和社会文化？

我们两晋南北朝的陶俑虽身处乱世，但精神却是自由的，你们知道是什么影响了这一时期的审美吗？

风光了几百年，我们还是逃脱不了消亡的命运。我们陶俑到底在什么时候，又为什么被历史所淘汰了呢？

拓展实践

你能从陪葬的形式看出来在中国文化的发展过程中，精神的核心是什么吗？这种文明对于社会发展起到了什么积极作用？

涉及学科：历史、美术、艺术、政治、语文

课程设计：陈昊

后记

2014年9月，为配合北京市教委落实好《北京市委关于培育和践行社会主义核心价值观的实施意见》，国家博物馆克服困难，努力做好“北京市中小学生四个一活动”接待工作，日均接待近千名学生，在展厅开展主题教学活动。同时，我们抽调业务骨干，潜心研究如何给以年级为单位来馆参加教学活动的学生团体设计博物馆课程。在北京教育科学研究院基础教育教学研究中心学科教研员的指导下，我们边做边用、边用边改，仅用半年时间开发了36个主题教学内容。通过博物馆课程学习，实现如下三点教育教学目标：一是学生日常文明礼仪习惯，尤其是文明观展习惯的培养；二是深入了解代表中华民族悠久文化历史的珍贵文物，并通过主题教学进一步了解中华民族发展的伟大历史进程与创造的辉煌文明，增强民族自豪感和自信心；三是初步认识到个人与历史发展的关系，增强个人的使命感和社会责任意识。

此次，译林出版社以《认知——国家博物馆课程学习绘本》为题，将这部分课程结集出版，全面展示我们的成果。在本书付梓之际，我们要感谢中共北京市委教育工作委员会、北京市教育委员会和北京教育科学研究院基础教育教学研究中心对我们工作的支持、帮助和指导。同时，更要感谢译林出版社为本书出版所作的努力，尤其是对编辑张遇、费明燕、韦枫同志的辛勤工作表示深深的敬意。

编者

图书在版编目(CIP)数据

认知：国家博物馆课程学习绘本 / 中国国家博物馆，
北京教育科学研究院基础教育教学研究中心编. —南京：
译林出版社，2015.3（2016.7重印）
ISBN 978-7-5447-5287-9

Ⅰ. ①认… Ⅱ. ①中… ②北… Ⅲ. ①中国历史—青少年读物 Ⅳ. ①K209

中国版本图书馆CIP数据核字(2015)第038046号

书　　名　认知——国家博物馆课程学习绘本
封面题字　吕章申
编　　者　中国国家博物馆
　　　　　北京教育科学研究院基础教育教学研究中心
主　　编　黄振春　贾美华
执行主编　黄　琛　王建平
策划编辑　张　遇
责任编辑　费明燕
美术编辑　韦　枫
设计制作　南京博书堂文化有限公司
出版发行　凤凰出版传媒集团
　　　　　凤凰出版传媒股份有限公司
　　　　　译林出版社
集团地址　南京市湖南路1号A楼，邮编：210009
集团网址　http://www.ppm.cn
出版社地址　南京市湖南路1号A楼，邮编：210009
电子邮箱　yilin@yilin.com
出版社网址　http://www.yilin.com
经　　销　凤凰出版传媒股份有限公司
印　　刷　南京爱德印刷有限公司
开　　本　889毫米×1194毫米　1/16
印　　张　9.75
版　　次　2015年3月第1版　2016年7月第4次印刷
书　　号　ISBN 978-7-5447-5287-9
定　　价　69.00元
　　　　　译林版图书若有印装错误可向出版社调换
　　　　　（电话：025-83658316）